孙锴 编著

官得到好处

中国华侨出版社
·北京·

图书在版编目 (CIP) 数据

管得恰到好处 / 孙锴编著 .—北京：中国华侨出版社，
2010.12（2024.5 重印）

ISBN 978-7-5113-1094-1

Ⅰ.①管… Ⅱ.①孙… Ⅲ.①企业管理—通俗读物
Ⅳ.① F270-49

中国版本图书馆 CIP 数据核字（2010）第 256128 号

管得恰到好处

编　　著：孙　锴
责任编辑：唐崇杰
封面设计：周　飞
经　　销：新华书店
开　　本：710 mm × 1000 mm　1/16 开　　印张：12　　字数：130 千字
印　　刷：三河市富华印刷包装有限公司
版　　次：2010 年 12 月第 1 版
印　　次：2024 年 5 月第 3 次印刷
书　　号：ISBN 978-7-5113-1094-1
定　　价：49.80 元

中国华侨出版社　北京市朝阳区西坝河东里 77 号楼底商 5 号　邮编：100028
发 行 部：（010）64443051　　　传　真：（010）64439708
网　　址：www.oveaschin.com　　　E-m a i l：oveaschin@sina.com

如果发现印装质量问题，影响阅读，请与印刷厂联系调换。

前 言

  管是一门高深的学问，是一种智慧。它是所有想在领导职位上坐得长久的人，所有立志于凝聚人心、干一番事业的人，必须练就的真本事。管理者不仅要大权在握，更重要的是要有高超的领导艺术。既要紧紧地把握领导权，又要充分地调动下属的积极性；所以管人不能没有尺度，管事必须讲究技巧。

  在管的过程中，对于有些问题处理尺度的松与紧的把握是最难做好的，但是，这也是管对人、做对事的必备条件。

  企业中只有两种人，一种为管理者，一种为被管理者。管理者与被管理者之间总存在不同程度的较量，其中的手段和技巧常常是无法言传的。掌握了管得恰到好处的技巧，并灵活运用，就会在管理过程中随时出彩，使自己始终处于管理的主动地位，从而开创一个上下和谐、积极进取的管人管事新局面。

前　言

管得恰到好处需要有操控全局的手段，需要有识人用人的眼光，需要有解决问题的策略，需要有临危决断的气魄，也需要有驭人处世的技巧。

管的问题处理得不好，归根结底是管理者的工作没到位、方法不对头。一名优秀的管理者，应该深谙制人之法、管人之道，把握人心，并因人而异施展手段，这样才能将整个团队牢牢掌控，为成就大事打下坚实的人力基础。

大部分的企业管理者工作繁忙，身心劳累，假如此时捧起一本沉闷、冗长的管理书籍，一定收效甚微。

因此，《管得恰到好处》一书采用了一边讲管得恰到好处的技巧；一边讲述相关故事，以这种新颖的阅读方式，目的是让辛劳的企业管理者能在有趣而简洁的形式下读完此书，加深对管理员工技巧的理解和掌握，以便在实际工作中加以运用，能更轻松有效地面对工作中遇到的管理挑战。

本书是实施简单管理的最好依据，它注重理论与实践的充分结合。这些管得恰到好处的智慧和经验，相信能给广大一线管理者们带来帮助。

目 录
Contents

人性管理恰到好处
——得到人心的回报

交流沟通恰到好处
——保证交流顺畅无阻

识人用人恰到好处

——用对才能做得更好

激励手段恰到好处

——调动员工的积极性

授权管理恰到好处

——给有能力者发挥的机会

恩威并用恰到好处

——软硬兼施方可有效协调

第一章

制度管理恰到好处

——管理须得体且有理有据

管理工作最重要的不是直接去管人，而是去制定让人各司其职的制度。著名管理咨询专家刘光起先生说："管理就是管出道理，道理就是规则规范。"这里所讲的规则规范，指的就是管理中的各项规章制度。有了规范的制度程序才能保证执行的高效。传统文化中"没有规矩不成方圆"的思想，也阐释了规章制度的基础性作用。任何单位都需要规章制度，一套好的规章制度，甚至要比多用几个管理人员效率还高。一个有经验的管理者，要善于用规章制度管理下属。

严格在管理中实施制度

组织的主体是人，而保障秩序不发生混乱的是制度。所以要把企业运作好，管理者需要建立一套完善的制度。制度设计合理、运作有效，企业高效运作，员工士气高昂，企业蒸蒸日上。所以，及早建立一套合理的制度至关重要。

世界上不管是跨国公司，还是私营商店，对经营管理都十分重视，不但有现代化的系统论管理、方针目标管理，而且部门与部门之间都有一整套的管理办法和管理制度，像一架机器一样不停地、有条不紊地运转着。

1.预警性原则

热炉通红，不用手去摸就知道炉子是热的，会烫伤人。这通红的"火炉"就好比党纪法规，是一柄时刻悬在每个人心头上闪着寒光的"达摩克利斯剑"。每个管理者虽权力在握，但不可忘乎所以，必须常怀敬畏之心，自觉接受党纪法规的约束和教育，时时想想那通红灼人的"火炉"，想想人生道路上的"红绿灯"，就不敢为所欲为了。

2. 必然性原则

每当你触摸到热炉时，无论是谁采取什么方式触摸，都肯定会被烫伤，也就是只要触犯了国家法律和党纪党规，就一定会受到严肃惩处。"树上有一只鸟被打死，其他九只鸟却吓不跑"。这些"菜鸟"就是抱着一种侥幸心理，以为自己摸了"热炉"，不一定会被灼伤。克服这种现象，必须树立制度法规约束力的绝对权威，使那些贪婪之人，掂量掂量炙热"火炉"的温度，也就不敢伸手了。

3. 即刻性原则

当你碰到热炉时，立即会被灼伤，也就是惩处必须在错误行为发生后及时进行。"刑罚不时，则民伤；教令不节，则俗弊"。要想铲除腐败之癌，"除恶务快"是很重要的一环。

4. 公平性原则

"热炉"没有任何"弹性"，无论什么人，无论何时何地，只要触摸了"热炉"，都会被烫伤。"伸手必被捉"。只要做到"不辨亲疏，不异贵贱，一致于法"，除恶务尽，有贪念者就不敢再去触碰"热炉"了。

"巨鳌虽深，兽知所避；烈火虽猛，人无蹈死。"看来，我们必须充分发挥"热炉法则"的巨大威力，使贪腐者真正受到惩处和震慑，这样教育才有说服力，制度和监督才有约束力。

（1）规章制度的制定不能违法。经常可以见到，在制定自己的规章制度的时候，很多的企业由于对现行法律的不了解和不在乎，导致了与法律的冲突和矛盾，从而不具有法律效力。因此，在处理违规员工的时候，由于没有效力，难以产生作用。而且，由于得不到法律的支持，所定的规章制度不过是一纸空文。因此，规章制度内容必须合法。

（2）规章制度要经过民主程序肯定。顺应民意，才能持久。然而，现在大多数企业在制定规章制度的时候，往往只是几个高端管理者或者董事会的成员制定实施。但我国法律规定：企业的规章制度应该通过民主大会的形式，经民意代表同意，并且多数员工通过，才具有效力。

（3）规章制度应该及时修改、补充。市场不断变化，形势也在不断变化。因此，企业的规章制度应该不断的修正和改定，只有不断地推陈出新，制定适合当时情形下的法规，定期或不定期地检查，及时修改、补充相关内容，才能保证制度和规章的合理性、时效性。千万不能把规章制度制定好以后便完事大吉。

制定出的规章不是为了显示纪律严明。当然，并非每次的处罚都要一视同仁，它的意思不是说面对违规行为，采取统一的措施。而是说在相同的环境和条件下，违规行为都要受到同一种惩罚，不能有丝毫的偏颇。

以合理的薪酬制度留住人

人力资源素质是决定企业核心竞争力的关键性因素，企业如能建立一套合理灵活的薪酬体系，那么必能挽留人才、吸引人才，从而使企业发展壮大。

英国经济学家格雷欣发现了一个有趣现象，两种实际价值不同而名义价值相同的货币同时流通时，实际价值较高的货币，即"良币"必然退出流通——它们被收藏、熔化或被输出国外；实际价值较低的货币，即"劣币"则充斥市场。人们把这种现象称之为"格雷欣法则"，亦称之为"劣币驱逐良币规律"。

管理者应清楚地认识到薪酬制度的严肃性和公正性的重要，只有客观、公正的制度才能使执行落到实处，才能促进工作卓有成效。一般来说，薪酬激励能够从多角度激发员工强烈的工作欲望，成为员工全身心投入工作的主要动力之一。

随着企业制度的深化改革，以及部门独立核算的形成，在很大程度上，许多大的集团公司已将员工的薪酬管理权力交到了部门负责人手里，即由部门管理者根据部门员工的切实情况制定报酬。

所有企业在薪酬或人力资源管理方面均可能发生与格雷欣所见类似情形，实际生活中的例子亦屡见不鲜。由于企业在薪酬管理方面没有充分体现"优质优价"原则，高素质员工的绝对量尤其是相对量下降——这一方面表现为对自己薪酬心怀不满的高素质员工另谋高就；另一方面亦表现为企业外高素质人力资源对企业吸纳诉求消极回应，这一般会导致企业低素质员工绝对量尤其是相对量上升——一定数量高素质员工留下的工作岗位需有更多低素质员工填补时尤其是这样。这还只是薪酬管理"格雷欣法则"刚启动情形。

我们当然不能将所有高素质员工的流失都归结为"格雷欣法则"惹的祸。有时，高素质员工流失是由于用非所学；有时则由于个人的价值取向与企业主流文化存在难以弥合的差异等等。但确有相当一部分高素质员工的流失，是由于薪酬或人力资源管理"格雷欣法则"的作用。

在薪酬上，一方面人力资源本身千差万别；另一方面薪酬更为丰富多彩。因而，企业在员工的薪酬管理方面的"格雷欣法则"有诸多具体表现：

（1）在同一企业，由于旧人事与薪酬制度惯性等，一些低素质员工的薪酬等于甚至超出高素质员工，从而导致低素质员工对高素质员工的"驱逐"。

（2）在同一企业，由于旧的人事与薪酬制度惯性等，虽然高素质员工的薪酬超出了低素质员工，但与员工对企业的相对价值不成比例。现阶段，这是低素质员工对高素质员工"驱逐"的一般情形。

面对以上两种情况，企业要想遏制"格雷欣法则"需要做到：

（1）须有新的薪酬观。对所有企业来说，均须将员工薪酬的提升看作是员工素质提高、企业兴旺发达的重要标志，这是因为，如果处理得当，薪酬提升可以启动员工素质提升与企业效益提高的良性循环。

（2）将薪酬调查作为企业薪酬管理的不可忽视的环节。尤其注重对企业核心员工的薪酬调查。不仅要了解竞争性企业核心员工的薪酬水平，其他行业核心员工的薪酬水平亦应有较为广泛的了解。

（3）判定员工薪酬水平高于或是低于市场观念。将市场薪酬水平作为员工薪酬水平判定的参照数。

（4）为员工提供有竞争力的薪酬，使他们一进企业便珍惜这份工作，竭尽全力，把自己的本领都使出来。支付最高工资的企业最能吸引并且留住人才，尤其是那些出类拔萃的员工。这对于行业内的领先企业，尤其必要。

（5）重视内在报酬。除了工资、福利、津贴和晋升机会等外在报酬外，还有基于工作任务本身的内在报酬，如对工作的胜任感、成就感、责任感、受重视、有影响力、个人成长和富有价值的贡献等。内在报酬和员工的工作满意度密切相关，对那些知识型员工来说，尤其如此。因此，企业组织可以通过工作制度、员工影响力、人力资源流动政策来执行内在报酬，让员工从工作本身得到最大的满足。

（6）收入和技能挂钩。建立个人技能评估制度，以雇员的能力为基础确定其薪酬，工资标准由技能最低到最高划分出不同等级。这种评估制度的最大好处在于，员工会因此较多地关注自身的发展。

畅销书《执行力》作者大卫·伯恩说，常见的工资支付方式有计时、计件、包工三种。这些方式各有利弊，其效果取决于工作性质和管理人的能力。支付方法和报酬率有赖于管理部门的能力和才智，工人的热忱和车间的平静气氛也在很大程度上依赖于它们，如果运用得好，便可激励员工的干劲。

（1）公平性原则。部门职工对工资分配的公平感，也就是对工资发放是否有公正的判断与认识，是部门在设计工资制度和进行工资管理时首先需要考虑的因素。这里的公平性包括三个含义：本部门工资水平与其他同类部门工资水平相当，本部门中同类员工工资水平相当，员工工资与其所作贡献相当。

（2）激励性原则。根据优劣情况，在部门职工的工资水准上，适当拉开差距，真正体现按贡献分配的原则。平均主义的"大锅饭"分配制度的落后性及其奖懒罚勤的负面作用，人们分析得已经很多了，这里不再赘述。

（3）经济性原则。提高工资水准，固然可提高其竞争力与激励作用，但同时不可避免地会导致人力成本的上升，所以工资制度不能不受经济性原则的制约。不过企业人力资源主管在考察人力成本时，不能仅看工资水平的高低，还要看职工所能取得的绩效水平。

事实上，后者对企业产品的竞争力的影响，远大于成本因素。也就是说，员工的工作热情与革新精神，对企业在市场中的生存与发展起着关键作用，若过多计较他们的工资给多给少，难免因小失大。

总之，合理的薪酬制度是充分发挥员工积极性的重要手段，是树立高度的工作责任感，以及推动目标执行到位的重要保证。

制度以确保工作的顺利展开

对于管理下属而言，哪怕是有缺陷的制度，也比没有制度好得多。管理以制度说话永远比依靠个人的发号施令更有力度，执行起来也更有效率。在现代管理中，制度的重要性是不言而喻的。

所谓制度，简单地说就是纪律或规矩。它能够对相关行为做出规范和约束，以确保工作的顺利展开。任何一个部门倘若缺乏制度，势必会像一盘散沙一样，执行不力。

游戏要有游戏的规则，做人要有做人的原则。古语说得好："无以规矩，不成方圆"，这就很好地说明了规矩的重要性。军队的战斗力来自铁的纪律，企业的战斗力和生命力来源于各级人员良好的精神面貌、崇高的职业道德和严格的规章制度。如果缺乏明确的规章制度、流程，工作中就非常容易产生混乱，一旦有令不行、有章不循，按个人意愿行事就容易造成无序和浪费，是非常糟糕的事。

企业是关于人的组织，而人的复杂多样的价值取向和行为特质，要求企业必须营造出有利于共同理念和精神价值观形成的制度环境，并约束、规范、整合人的行为，使其达到目标的一致性，最终有助于企业共同利益的实现。因为从根本上说，经济学关于人性本懒惰自私的假设在商品经济社会从提高管理效率的角度来说，还是放之四海而皆准的。所以，在任何单位、任何部门里，都需要规章制度，一套好的规章制度，甚至要比多用几个管理人员还顶用。

1983 年台塑接管了美国的一个 PVC 工厂，当时有 8 个分厂，月产一万吨，共有营业人员 120 人，到今年 6 月，产量达到每月 7 万吨，营业额 11458 万美元，只用了 47 个营业人员，这就是管理制度的作用。

因此，作为一个管理者，必须时刻注意本部门的规则，发现不切实际或不合情理的要及时纠正，不断改革，这一点很重要。可以这样说，一个好的规章制度，必然不断发展不断改革。这样的规则是活的规则，只有活的规则才有意义。

成功的企业背后一定有规范性与创新性的企业管理制度在规范性的实施。

没有规矩不成方圆，这是对管人智慧的经典总结。管人以制度为准绳，这不是一句空话，当管理者意识到规矩、制度是立身成事之本的时候，说明他已经站在了正确执行的起点上。

　　管理者要想管理好下属，制定规章制度是必不可少的。各行各业制定各种规章制度，其目的就是要人执行，若徒具形式，则毫无意义可言。因此无论制定什么样的规章制度，事前都要详细了解实际情况，整理分析各类问题，再制定规则，这样才有意义。若徒具冠冕堂皇的条文，而与现实情形背道而驰，则无异于一纸空文。

　　成功的企业在企业管理制度实施方面具有共同的特点，那就是规范性的管理制度编制或创新以及规范性管理制度实施的效果等因素较其他企业成功，而且是在不断的、稳定的创新、优化过程中，循环性升级式地提高规范性管理制度的实施质量，保持和增强科学、高效的企业管理制度体系的运转效能。

　　某家电器制造厂有一则规定：下属如果延迟交货，其车间一律征收违约金。然而延迟交货，多半事出有因，比如，生产过程中遭遇不可抗拒的天灾、人祸，或车间重要设备故障耽误等。此项规定有名无实，势必需要修正，拟定一个折中性的办法，以配合现实条件。如果碍于面子，觉得刚制定的规则，马上又要推翻，怕被下属笑话，那么将来吃亏的仍是企业自身。

　　在修正此项规则之前，一定要首先考虑到交货日期的决定是否过于草率，是否经过周密的思考，管理者的工程管理妥善与否，各部门联络工作是否落实等实际情况。待一切都已经完备，才能对下属提出具体的要求，否则，难免落得"不近情理"的埋怨，更收不到具体的效果。

　　再比如那些只重理论的理想派管理，无论在什么样的场合，什么样的背景下，总是一味强调"刚性执行"的单方面主张，比如，"凡公司下属一律阅读公报，不遵守者须接受处罚。"假若公报缺乏内容、空洞无物、词不达意，又有谁会愿意去看它呢？就算是如此强迫执行，亦收不到很好的效果。

总而言之，规章制度的建立、制定是随着生产的发展、企业的进步而不断改变的，而不应该是一成不变的。在过去的生产规模、生产条件下，某项规章制度可能是很完善，但由于要适应新的形势及新的生产经营方式，许多旧的规则可能会因此而出现各种各样的漏洞，变得不合时宜。这时就要求管理者要及早废止，另谋改善，加以合理性的补充或是重新建立新的符合时宜的规章制度。否则，此项规章制度将会随着时日的变迁而愈加脱离现实，使人难以执行最终影响事业的发展。

须知，没有员工的执行各种规章制度，企业任何绝佳的战略和设想都不可能被执行下去；没有员工的执行各种规章制度，任何一种先进的管理制度和理念都无法建立和推广下去；没有员工的执行各种规章制度，任何一个精明能干的管理者都无法施展其才能。一个高效的部门必须有良好的执行各种规章制度的观念，如此，则能发挥出超强的执行能力，使团队胜人一筹。

（1）让下属理解你的命令。命令是否能得到贯彻执行，与你的下属对它的理解程度有很大关系。简单地说，他对命令理解的程度高，执行起来就非常顺利，即使有折扣也不会很大；反之则很可能大打折扣。如何才能让下属完全理解你的命令呢？除了下属本身的能力之外，你必须做到：让他们复述你的口头命令。当他们没听明白的时候，你让他们向你提问题、你向他们发问，用以证实他们是否听明白了你的命令。

（2）使用任务式的命令法，你不但可以管好下属，并且使他尽力发挥自己的创意，把命令执行得超出你的意料！使用任务式的命令能使你获得驾驭下属的卓越能力，你甚至可以在自己的家庭里使用这种类型的命令。使用这种技巧，你就不必一样样地告诉你的下属该做什么，该怎样做了。你只需让他们知道你需要什么，什么时候需要，然后让他们自己动脑筋去想该怎么做，这有助于发展他们的主观能动性和他们的独创精神，也能教会他们如何自立于职场。

确保命令能贯彻实施

管理企业就如同治理军队，管理者就是那一言九鼎的大将。企业管理中管理者若能做到号令如山，员工对你的命令无条件服从，这样的企业必然成功。

英国剑桥大学经济学教授理查兹·肯特提出的无折扣法则是指命令不是廉价的处理品，只要是命令就应该让执行者触目惊心，认真对待，不得夭折。当任何人都不知道谁应负责的时候，责任等于零。企业管理的命令如果得不到执行，和没有发布这个命令毫无分别；企业管理的命令如果只被执行一部分，效果也还是跟没有发布这个命令无异。

要达到这样的效果，管理者就要牢记在该命令时要毫不犹豫，而不该命令时则不能随便下令。只有这样才能保持命令的有效性，才能让员工重视并执行命令。随意下达命令是管理者的大忌，滥发命令只会损害你的威信，只会引起员工的反感，看轻命令，甚至对其不屑一顾，置命令于罔顾。

管理者应该明白，权力越大，地位越高，就越不能随意发号施令。作为一名管理者，如果习惯于随意滥下命令，就会造成许多不好的影响。只会用命令来管理的管理者，绝不会成为一名杰出的管理者。

管理者要珍视自己的命令，不随便滥发命令；更要确保命令能贯彻实施。对那些不遵守命令的员工，必须毫不犹豫地予以惩罚，否则一旦开了不守命令的先例，你就无法控制局面了。

当员工违反了命令时，即便他们的借口合理，也不能轻易向其妥协。虽然有时达到目标并非易事，但若轻易妥协，只会丧失自己的威信，使员工以此为例养成不服从命令的习惯。

记住，管理者必须让员工遵从自己的指令，让命令真正得到贯彻实施。而对于那些不服从命令的员工，则要从严处治，杀鸡给猴看，绝不手软。这样就不会再有人故意挑战你的权威了，才能确保工作按照预期的计划顺利进行。

梁超是一家某食品厂的高层管理者。在公司发展徘徊不前的时候，他了解到这是产品质量的问题。明确问题后，梁超开始了他的改进计划。他避免了紧锣密鼓的方式，他认为，这种方式除了在精神上给部属带来沉重压力之外不会有太多的好处，这种负面效应会抵消产品质量改进后的相当一部分成果，梁超采取了温和的手法。他请来广告策划专家，以轻松愉快的形式向部属灌输产品质量意识，使之深入人心并不断地得到巩固，从而成为部属的自觉意识。不仅如此，梁超还经常走出他的办公室，就产品质量问题和部属们展开讨论，交换意见，由此收集了许多质量改进的设想建议。

梁超的努力终于换来了成功。全公司形成了严格的质量意识，公司的销售额直线上升。可就在年底，细心的部属发现了这样一个颇为棘手的问题，此次出厂的一批罐头虽然仍受到了客户的欢迎，但这批罐头在密封方面却存在一定的问题，不符合公司对此环节的严格规定。就是否继续发货这一问题，部属们犯难了，他们把问题推上了梁超的办公桌，等待着梁超的回答。

梁超的回答让每一个部属都感到意外："照发不误"。以后的事就不用再叙述了，梁超就为这简短的一句话毁去了自己的所有努力。他自己订立了关于产品质量的严格标准，并要求每个人严格执行，可现在，又是他自己违背这个原则作出了决定，梁超失去了在部属中间建立起来的威信，没有人再会相信他的决策了。其实，当部属们把要不要发货的报告呈上来的时候，梁超就应该清醒地意识到：

部属之所以这样做，全是因为自己严格要求、训练的结果，表明部属是何等的重视产品质量。梁超的回答无疑是告诉他们，所有订立的要求大家严格遵循的规则都是一纸空文，毫无意义，随时都可以撕毁、推翻。

梁超自己搬了石头砸了自己的脚。你可以预见，部属们对梁超先生的所作所为会感到如何的失望，正所谓上行下效，既然管理者都可以这样言行不一致，出尔反尔，自己作为下属，更没必要去遵守那一套东西了。不可避免的是，公司的产品质量如江河日下，一日不如一日。而在危急关头想要再次力挽狂澜，恐怕就非一朝一夕的事了，其可能性该是如何地渺茫。

不随便发布命令，在发布命令之后，坚决执行。不仅能提高管理者在下属心目中的威信，更有利于工作的开展。如何做到这一点呢？除了不随便发布命令之外，管理者还要做到下面几点：

1. 不要无的放矢

作为管理者，向下属发布命令，必须有一个理由、一个目的和一个承诺。换句话说，管理在发布命令时不要无的放矢，否则容易引起下属的不满，间接导致命令被打折扣。如何才能做到有的放矢？

首先，你一定要有发布命令的充足理由。你可以按照下面六条简单的指导原则命令：

①为什么做这件事情是必需的？

②这件事情什么时候必须完成？

③要在什么地方完成这件事情？

④最适合做这件事的人是谁？

⑤该怎样做这件事情？需要什么样的工具、设备和人员？

⑥做这件事情需要花费多少钱？

在发布命令前做好充分的理由准备之后，你在发布命令时一定要给下属一个承诺。这样你的命令就会得到下属的重视，不会无的放矢。

2. 别让听令者犹豫不决

"命"这个字是由"口"和"令"组合而成的，即用口传达给对方的是件非常重要的事。或许有人认为，写在纸上传达比较不会发生错误。但是，用文书传达的命令较缺乏魄力。反倒上司口头命令说"你做这个"时，听话者即可以辨出任务的轻重缓急，并适时地完成它。

当你下达命令时，有的下属显得犹豫不决——很显然，即使他执行了你的命令，也是十分的踌躇，那么执行的效果肯定要打折。

面对这样的下属，切记千万不要给下属犹豫的机会！可以利用人性来下达有效率命令的重要性。比如：

大声下命令：若你的声音太小，有可能被下属误以为是在说一件不重要的事情。在众人面前下命令：如此下属便能拒绝其他的任务，或者先完成你交代的任务。表情严肃，并且威严地下命令：这样不代表逞威风，你必须让下属感受到你的斗志。

不过还有两点请注意：面对面下命令一定要看着对方的眼睛。

还有当下属中有比你年长的人时，在态度以及措辞方面都必须特别留意。关键在于，虽然你必须对他下命令，但是，在平常时候，仍可表达适当的敬意。

3. 确保命令的执行

为什么有许多命令或指示下达后总是受阻呢？就是因为管理者没有监督命令的执行情况。每天要专门拿出一点时间检查工作。在你检查工作之前，仔细思考一下你要检查的重点。要有选择地检查，检查时要有重点，永远要越过权力的锁链，要多问问题，重新检查你发现的错误。

只有这样，管理者在向下属发布命令时才能做到心中有数，不乱发布命令，不用狂傲的态度发布命令，发布命令时会替下属着想，发布命令之后甚至还会隔一段时间就去了解一下命令被执行的情况。

因此，切忌让你的下属折扣命令，大有裨益，至少是：统一观念，集中精力，有序工作，明确方向，逐步完善。没有命令，下属就会成为一盘散沙，企业就会失去动力和方向。

（1）命令要重点突出，不要面面俱到。如果把你的命令讲得过于详细和冗长，那只会制造误解和混乱。

（2）为了使你的指令叙述得简要中肯，你要强调结果，不要强调方法。当人们准确地知道你所需要的结果是什么的时候，当他们准确地知道他们的工作是什么的时候，你就可以分散权威和更有效地监督他们的工作。

（3）当你发布使人容易明白、简洁而清楚的命令时，人们就会知道你想做什么，他们也就会马上开始去做。命令不要太复杂，而要尽量简单。

企业管理制度编制的要点

凡有企业必有管理制度，篇幅不一，多者洋洋万言，少者仅有薄薄几页，但是它们都在不同程度地发挥着作用。多者的优点在于规定了所有的人做何事及所有的事如何做，可谓是面面俱到，管理有序，缺点在于增加了管理成本；少者的优点在于简明扼要，运行成本较低，缺点在于规定的面较窄，例外情形较多，经常出现一事一议现象，不便于控制。明白了两者之间的优缺点，管理者就可以在编写制度时有所注意了。

管理制度的编制应遵循组织结构和规模的原则、简明化原则、系统化原则、锁链化原则、一般和特殊相结合原则。它以做事为主线，以各部门、科室、班组、员工为点，以岗位责任制（包含岗位工作指引）、标准作业书、操作规程、技术标准和管理办法等为枝干构成一个平面，结合五大部门和总则构成立体化的篇章。要站在公司和部门的角度来看问题，注意把握以下几点：

表：要弄清公司总经理和部门经理每天、每月、每年应看的表，例如销量、产量、进货量、质量、费用等；要弄清公司各岗位每天、每月、每年应填、应报的表；要弄清公司各控制点每天、每月、每年应填、应报的表。

会：要弄清公司总经理和部门经理每天、每月、每年应开的会，例如公司月经营检讨会、公司（半）月采购委员会会议、（半）年公司员工大会、周产供销协调会、月市场分析会等。

权：要设定人权、财权、物权、事权的管理权限，编制核准权限表。计划和预算：公司的一切工作必须围绕着公司的年度策略、计划和预算来展开，制度的编制要为完成公司的年度策略、计划和预算服务，要弄清公司各部门每天、每月、每年有哪些计划，如何执行和追踪。

至于管理制度的体系，应以企业的总则和五大部门（产、销、发、人、财）为篇章：

产指生产，包括采购、外协、储运、技术、制程、设备、基建、安全环保、品控等环节。

销指营销，包括市场调查与研究、通路规划与管理、大客户管理、营销控制、营业推广与公关、售后服务、营销人员管理与激励等环节。发指研究和发展，包括调研、项目立项、研究设计、项目管理、投资、企划等环节。人指人力资源管理，包括招聘、培训、考勤、考核、升降、异动、薪酬、档案、行政事务、保安等环节。财指财务和会计，包括会计、财务、审计等环节。

在制定管理制度的同时，应将管理的四大功能（计划、组织、领导、控制）贯穿其中，主要的计划有公司的年度策略计划，各部的年（月）工作计划。其中最核心的是年（月）销售计划，以此为前提，技术部门做出设计和材料预算，采购部门做出采购计划，财务部门做出资金计划，生产部门做出生产计划等。主要的控制手段有计划控制和预算控制及定期的报告等。

注意以上几点，就可以参照其一般的管理条例，再结合自身企业的状况，制定出较为适宜的管理制度了。

制定一部合格的管理制度应具备几个必备的附件：

组织结构图（包含管理层次和幅度等）；职务说明书（包含职责和任职条件等）；核准权限表（描述某事的运作由哪一级申请、立案、拟案、咨询、核准、决定及报备等）；表单流程图（包含表单的填、审、核、发生周期、送发单位等）；岗位责任制（以人为核心，描述岗位应做的事和做好该岗位工作的指引）；标准作业书（以事为核心，描述事情如何做）；操作规程（以机器为核心，描述机器如何操作）；部门和员工考核办法；技术标准。

第二章

目标管理恰到好处

——给大家绘制一幅蓝图

明确的企业目标是调动下属积极性的有效手段，下属越了解企业目标，归属感越强，企业越有向心力。在企业中目标就像灯塔，不仅为航船指明前进的方向，还能给航船以前进的精神动力。在鼓励下属为你打拼之前，管理者应该有一个明确的目标，并且为企业的每一个成员都制订一个定性、定量的目标，让下属的激情与能力能够有的放矢，这样才能充分发动每一位下属为企业的整体目标而奋斗。

合理制订出自己团体能达到的目标

目标明确性，是企业发展战略的首要特征。目标明确，不仅是制定企业战略时"全局高于局部"的一般要求，更是今天的市场环境与金融危机这种特殊的形势下，对管理者的特殊要求。

作任何决定都要当机立断，不要被左右所影响，受过多的因素干扰反而会丧失判断力，不能做出正确的决策。在面对管理中的众多问题时，要敢于放弃，迅速做出决定。

每一个有志者，当务之急不仅仅是制订一份"生命清单"，更紧要的是要照着既定目标，永不退缩，最终实现有价值的人生。

普通人之所以为普通人，是因为他们没有计划任何事情。很多人都没有具体的目标，所以当他们没有做出成就来时，他们就会解释说他们并没有真正地失败，因为他们从未设定目标。这是他们比较体面而又没有风险的做法。

对同一个人或同一个组织的管理，不能同时采用两种不同的方法，不能同时设置两个不同的目标，甚至每一个人不能由两个人来同时指挥，否则将使这个企业或这个人无所适从。

秦朝末年，天下纷乱，军阀为了不同的利益相互混战，其中，项羽的破釜沉舟巨鹿之战至今仍被人们传诵。

当时，赵王歇被秦军主力围困在巨鹿，请求楚怀王救援。而秦军强大，几乎没有人敢去迎战。项羽主动请缨，楚怀王封项羽为上将军，进军巨鹿。

项羽先派手下大将率领两万人做先锋，渡过湾水，切断秦军运粮通道。然后，项羽率领主力渡河。过河之后，项羽命令将士，每人只带三天的干粮，然后把军队里做饭的锅碗全部砸掉，把渡河的船只全部凿沉，连营帐都烧了。接着，项羽对将士们说："我们这次打仗，有进无退，三天之内，一定要把秦兵打退。"

项羽的决心和勇气，对将士们起了很大的鼓舞作用；同时，破釜沉舟之后，全体士兵都很清楚，这一仗只能成功，不能失败，因而士气高涨。楚军把秦军包围起来，以一当十、以十当百，越杀越勇。经过九次激烈战斗，活捉了秦军首领王离，瓦解了秦军主力。

在破釜沉舟之前，楚军的目标是打败秦军，但士兵却未必如此，有的是想升官发财，有的只是活不下去了，想混口饭吃，还有的甚至可能是被逼无奈，如果带着这样的军队去开战，士兵们一定各有想法，打得赢就打，打不赢就跑。但是破釜沉舟之后，从将军到士兵，就只剩下了一个目的：打败秦军。只有打败秦军，自己才有活路；打不败，只有死路。这样，军队的目标就变成了每一个士兵的目标，军队的战斗力也就得到了前所未有的发挥。

同样，现在企业管理中，首先是确定目标，对目标的确定很重要，至于员工用什么方法完成目标，不要探究其过程。管理者不可能事事关心，对一些细小的事情，完全可以不管，要求属下去完成，只要有一个很好的结果，这就达到了管理的目的。

无论面对任何问题，管理者都应该采取果断的措施。合理制订出自己团体能达到的目标。

这就要求管理者必须有勇气、有魄力、有胆略、处事果断、雷厉风行。这是管理者"勇"的素质。没有这个素质，管理者无法在拥有两块手表时仍然可以准确判断时间的能力。

管理者也要具备辨别真伪的眼光，当你只有一块表时，你可以非常坚定地相信它的准确性，但是当你拥有两块表，而这两块表的时间又出现差别时，你就很难断定哪块表的时间是准确的时间，这时更需要果断的判断力。

记住尼采的话；"兄弟，如果你是幸运的，你只需有一种道德而不要贪多，这样，你过桥更容易些。"

不凡的目标应该是"你必须在伟大之前，先看到它的不凡。"

1. 不凡的目标是长期的目标

没有长期的目标，可能会被短期的种种挫折击倒。理由很简单，没人能像自己一样关心自己的成功。你可能偶尔觉得有人阻碍自己的道路，而且故意阻止自己的进步，但是实际上阻碍自己进步的人就是你自己。其他人可以使你暂时停止，而自己是唯一能使自己永远做下去的人。

如果没有长期的目标的话，暂时的阻碍可能构成无法避免的挫折。家庭问题、疾病、车祸及其他无法控制的种种情况，都可能是重大的阻碍。

当设定了长期目标后，开始时不要尝试克服所有的阻碍。如果所有的困难一开始就解决得一干二净，便没有人愿意尝试有意义的事情了。一个人早上离家之前，打电话到交通岗询问所有的路口交通灯是否都变绿了，交通警可能会认为这个人无聊。应当知道自己是一个一个地通过红绿灯，自己仅能走到自己能看到的那么远的地方，而且当到达那里时，自己经常都能看得更远。

每天的目标是人格最好的显示器——包括奉献、训练与决心。用伟大长期的目标来帮助实现梦想中的目标。

2. 伟大的目标必须是坚定的

目标很重要，几乎每一个人都知道。然而，一般人在人生的道路上，只是朝着阻力最小的方向行事，他们只能成为普通人，而不是"伟大的特殊人物"。

不管你具有多少能力、才华或能耐，如果无法管理它、将它聚集在特定的目标上，并且一直保持在那里，那也将无法发掘出你的内在潜能，你将无法取得成就。

优秀的员工都有着明确的工作目标，不管遇到什么挫折和困难，他们都毫不动摇。这样的员工当然是高效员工。

（1）在管理中，如何选择出最佳的方案，是对一个成功管理者能力的考验，而这种能力是可以在日积月累的管理实践中逐渐培养的。

（2）管理者要懂得参考他人的意见，而非独自判断决策，吸取他人的意见才可以更加准确地排除那块时间不正确的"表"。

有了个体的愿景，才有共同的愿景

汤普林定理是 J·汤普林在指挥英国皇军女子空军时说过的一段话：通过统一一种力量，使这种力量产生叠加升级，从而统一各个分散的力量，就犹如磁石一样给别人一种凝聚的目标。要定整体目标，须明共同利益；组织目标愈能反映个人需求，个人需求愈能促进组织目标。

对于企业文化建设而言也是如此。共同愿景的建立是在自我超越的基础上发展起来的，这个基础包括了个人愿景，同时包括了忠于真相和创造性张力。

共同愿景这一概念是由彼德·圣吉在他所著的《第五项修炼》一书中率先提出的，也是其中的修炼之一，作为管理企业和组织的先进方法和手段，得到了大家的认可和赞同，被誉为"21世纪管理的圣经"。共同愿景的含义是指大家共同愿望的景象，也是组织中人们所共同持有的意象或景象。它的建立能发出一股较强的感召力，创造出众人一体的感觉，同时遍布组织的全面活动，而使各种不同的活动融合到一起。这样的景象无疑是任何组织单位追求和期望的，此种工作氛围可展现每个成员的个人才华，形成强大的合力。

共同愿景就像灯塔一样，始终为企业指明前进的方向，指导着企业的经营策略、产品技术、薪酬体系甚至商品的摆放等所有细节，是企业的灵魂。

"前车之辙，后车之鉴"，是联想人在十多年来形成的心智模式。在硅谷、中关村，企业潮起潮落，联想却能置身于商战的潮头，其原因就是联想有与习俗不同的心智模式。

"2010年进入世界500强"，这个共同愿景是联想人共同的结晶，有无限的创造力和驱动力，促进了联想企业文化的成熟。

总裁柳传志在说到人力资源管理的时候强调一个重要工作，就是建立一支稳定的、高素质的、对企业目标、企业文化有强烈认同感和归属感的员工队伍。企业文化认同对于维护整体、保持战斗力具有重要作用。因此，公司采取几种行之有效的措施来保证员工对企业文化的认同，在员工中形成共同愿景，增强企业的凝聚力。首先，新员工进入联想之后都要接受"模式培训"，深入了解联想的历史、现状，接受企业文化的熏陶。其次，联想人善于通过开会来统一思想，贯彻企业文化和经营理念、决策准则。通过这些朴素而行之有效的措施，联想已形成稳定的企业文化和一支稳固的核心员工队伍。

自创业之初，联想就抱定了"要把联想办成一个长久的、有规模的高技术企业"的信念，并逐渐为自己定下了更清晰的目标：到2010年力争进入世界500强。现在，这个目标已深深根植于每个联想员工的内心深处，它就像一盏明亮的灯，指引着全体联想员工奋勇前进。同时，柳传志总裁也有着独特的魅力，能够把大家凝聚起来，指引大家向着目标前进。柳传志自己也曾说过：对于联想管理核心而言，最重要的工作就是深刻理解市场运作的规律，认识企业管理的基本规律，并带动各层次的管理共同认识。建立共同愿景是联想企业文化建设的一个重要环节。

我们还需要注意的是，共同愿景并不是个人愿景或是部门愿景的单纯相加。从个人愿景上升到共同愿景还需一个过程。如果企业的发展仍旧停留在个人愿景的层面上，那么其简单相加反而会阻碍其发展，不能形成一种统一的文化。

我们看到在很多企业，文化和信仰并没有从上而下地渗透，而是在不同的部门形成了不同的"文化"。每一个上司和主管完全按照自己的风格来确定部门的风格，并且都认为那是最优秀的。

若各个部门都只按自己意愿建立不同的部门文化而未在公司整

体上形成统一的文化，就只能使部门间产生很大的差异。

但凡伟大的公司，文化必定是单一的。但凡平庸的公司，都有各色花样的"上司文化"、"部门文化"。

因此，我们必须强调共同愿景的建立而非诸多个人愿景的简单相加。

不管怎么说，共同愿景应由个人愿景汇聚而成，借着汇聚个人愿景，共同愿景才能获得能量。有意建立共同愿景的企业，必须持续不断地鼓励成员发展自己的个人愿景，这也是企业文化中"以人为本"的思想。如果企业员工没有自己的愿景，那么他们所要求遵从的共同愿景就不会融合他们个人的意愿，这就丧失了建立共同愿景的初衷。同时要注意单有个人愿景是不行的，一定要有在此基础上形成的共同愿景。因为共同愿景有远比个人愿景来得大的创造性张力。

使个人愿景上升到共同愿景，就必须放弃由管理决策层来宣布这一共同愿景。原因是这样的，愿景通常是治标不治本的，而且不是由个人愿景汇集而成的，通常这样传统的由上至下的行政性指导易导致愿景的破产。

许多企业都是在管理人的独断专行中，导致了共同愿景的破灭，甚至走向崩塌。

管理者必须把共同愿景当作企业文化中经营理念的一部分，是企业日常工作的中心要素，是持续进行，永无止境的工作。

企业中有了一个共同愿景，就使每一名员工都可以融入到企业的整体文化当中，这样企业文化便在一个统一、激进的氛围中得以建设。而员工每个人的努力也都是在为此添砖加瓦。

共同愿景不是员工在企业管理威逼下的服从意愿，而是组织内每个成员发自内心的愿景汇集的共同体。这就如同珊瑚虫们都在分泌石灰质，而这些行为有机地结合在一起，就形成了美丽的珊瑚。

共同愿景也不是单一问题的解答。如果仅把它当作单一问题的解答，那么一旦士气低落或策略方向模糊不清的问题解决以后，愿景背后的动力也就跟着消失了，这就使愿景失去了"存活"的能源。

"共同愿景"是企业中每个成员所共同持有的"我们想要创造什么"的图像。当这种共同愿景成为企业全体成员一种执着的追求和内心的一种强烈信念时，它就成了企业凝聚力、动力和创造力的源泉。

共同愿景唤起了企业的使命感。企业由此看到了自身在社会中的定位，看到了自身的历史责任，员工感到他们隶属于一个优秀的团队。共同愿景能使员工极具敬业精神，自觉投入，乐于奉献。因为他们看到工作本身对于他们的意义非同以往，它不仅是谋生手段，更是一种社会责任，他们在工作中充满激情和乐趣，也从中体会到了生存的意义。共同愿景能改变企业和员工的关系，所有的人会称公司为"我们的公司"，视彼此为实现共同愿景的伙伴，是生命的共同体。

（1）共同愿景应建立在个人愿景基础上，得到员工的认同。共同愿景就其层次和范围来讲，可分为组织大愿景、团体小愿景和个人愿景。任何系统、部门或单位都可根据自身的工作性质、特点建立不同的共同愿景，然而，不论何种共同愿景的建立，都需以个人愿景为基础，否则，共同愿景也就无从谈起。

（2）共同愿景应划分为阶段性景象，增强员工实现共同愿景的信心。共同愿景是一个组织确立的在一定时期内所希望达到的景象，是组织成员为之努力的总目标。在确立共同愿景的同时，应对其进行细化和分解，将愿景根据工作规律和特点划分为阶段性景象，由分景象组成共同愿景。

（3）共同愿景应充分体现个人价值，增强员工的成就感。每个人都希望自己在人生舞台上事业有所建树，才华得以施展，情感得到尊重，这是所有个人愿景都应包含的。因此，对于这样的个人愿景必须鼓励和支持，平等对待成员中的每个人，彼此尊重，相互包容，形成一种快乐和谐的工作氛围。

（4）在建立共同愿景的过程中，管理者应身体力行。一个团队或一个部门，犹如一艘航行于大海中的轮船，作为这艘船的管理者，应成为何种角色，是船长还是舵手，是摆在每一位管理者面前的问题。可以说船本身就像一个组织，如果本身结构设计不合理，再高明的管理者也难以驾驭。

审慎地做出正确的判断

美国行为学家 J·吉格勒提出：设定一个高目标就等于达到了目标的一部分。认定目标也意味着在着手做任何一件事情前，先认清方向。如此不但可对目前所处的状况了解得更透彻，而且在追求目标的过程中，也不致误入歧途，白费工夫。

心理学家马斯洛说过："音乐家作曲，画家作画，诗人写诗，如此方能心安理得。"

选择正确的目标十分重要，正确的目标能推进我们快速地走向成功，不正确的目标，如果固执地去坚持，会导致南辕北辙，离我们的目的地越来越远。

所以，一个没有成功希望的目标，坚持是毫无益处的。诺贝尔奖得主莱纳斯·波林说："一个好的研究者知道应该发挥哪些构想，而哪些构想应该放弃，否则，会浪费很多时间在差劲的构想上。"对于我们不值得做的，千万别做，大多数人当走过了职业生涯一大段路程以后，才开始问自己，这件事能成功吗？其实，无论目标是否正确，我们一旦开始就要花费很多时间才能完成。我们的时间是十分有限的，在有限的时间里，应及时确立目标，反省目标，对于错误的选择应及时纠正，审慎地做出正确的判断，选择正确的方向，寻找成功的机会。

人们的行为若无法与内心最重要的愿望相符，那么便会在内心产生对立，成功也就遥遥无期了。如果一个员工正在追求某件东西，但在内心里却与信念相冲突，那他就会陷于内心混乱。若要取得事业上的成功，就得清楚自己以及他人的法则，同时确实知道衡量成败的标准。

美国著名的证券经纪人邓尼斯·哈德可说是个人设定目标最成功的例子。到 1974 年，邓尼斯·哈德已干了 6 年的证券经纪人工作，算是美国中产阶级分子的典范。他拥有一个美满的婚姻、三个聪明伶俐的孩子、一栋房子、两部车。证券经纪人的收入虽然不错，却与他的性情格格不入。他希望活得更扎实，但无法支配自己的命运，这使他觉得受挫。

"只有自己与上帝才能支配我的命运。"邓尼斯·哈德惊醒了，于是，他开始设定自己的目标。由于邓尼斯·哈德从小就爱好无线电，他决定自己创业。1974 年 4 月，邓尼斯辞去工作，卖掉车子以便取得流动资金，以信用卡借款，开始在他的地下室生产业余无线电设备。就这样邓特隆公司诞生了。但是，他的许多朋友与亲戚都以忧伤和惊慌的眼光看着他，感觉他头脑发晕，简直是不可理喻。

1974 年 8 月 28 日，邓特隆无线电公司成交了第一笔生意。1975 年 4 月，公司搬到俄亥俄州崔斯堡的厂房中。到 1975 年底，邓特隆的营业额超过了 100 万美元。

如今邓尼斯·哈德已是一家资产达数千万美元的工厂的股东与总裁，其产品销售至世界各地。今日的邓尼斯·哈德充满了无穷的活力与对生命的热爱。他十分信奉詹姆斯·巴利的一句话："没有明确的目标就没有工作效率。"

邓尼斯实现目标的方法很简单。他说："一旦你决定追寻你的目标，就埋头苦干，全速前进。不要听任何人的话，因为他们只会泄你的气。"

看了邓尼斯·哈德的例子，我们不妨认真想一想，自己希望听到什么样的评语？自己这一生有任何成就、贡献或值得怀念的事吗？自己是个称职的员工吗？自己是个令人怀念的同事或伙伴吗？失去了你，对关心你的人会有什么影响？

职业生涯，岔路很多，一不小心就会走冤枉路。许多人拼命埋头苦干，却不知所为何来，到头来纵然发现追求成功的阶梯搭错了边，但为时已晚。因此，有些人也许很忙碌，却不见得有效率。

太多人成功之后，反而感到空虚；得到名利之后，却发现牺牲了更可贵的事物。上自达官显贵、富豪巨贾，下至市井小民、凡夫俗子，无人不在追求更多的财富或更高的地位声誉，可是名利往往蒙蔽良知，成功每每须付出昂贵的代价。因此，务必掌握真正重要的目标，然后勇往直前，坚持到底，才能使生命充满意义。

设定自己的工作目标并努力完成，是迈向成功的一大步。对朋友或亲人说出自己的目标，并听听他们的看法，可能引出一些自己想不到的有意义的目标，但设定目标的决定权必须掌握在自己的手上。美国诗人克里斯多弗·摩尔利说得好，"只有一种成功——以你自己的方式过你的一生。"

在职业生涯中，对于自己确定的目标，应把握好坚持与放弃的分寸。

工作目标的调整主要有以下几个形式：

第一，主攻方向的调整。

如果原定工作目标与自己的性格、才能、兴趣明显相悖，这样，目标实现的概率趋向为零。这就需要适时对目标作横向调整。要及时捕捉新的信息，确定新的、更易成功的主攻目标。

扬长避短是确定工作目标、选择职业的重要方法。在人类历史上，大量人才成败的经历证明，人们可以在某一方面具有良好的天赋和能力，但不可能有多方面的强项。

因此，每个人也应根据当前形势的变化，根据自身的特点，适时调整不适合的工作目标。

实际上，制定一个适当的工作目标，就等于达到了工作目标的一部分。工作目标一旦定好了，成功就会容易得多。所以，人人都要学会调整工作目标。

第二，寻找工作目标的动机。

制定成功的工作目标以前，必须明白到达此目标的动机。这是因为实现人生目标，尤其是成功的目标，需要强大的、永不枯竭的动力。而要有这种动力，就要先有正确的动机，即要明了"为什么要这么做"。动机让人在艰难的时刻保持坚定的意志，让人的内心燃烧"肯定"的火焰，从而"否定"外在的各种障碍。

第三，工作目标要符合自己的价值观。

俗话说得好，"人怕入错行"。选错了目标的人，会浪费大好时光。许多人偏离了生活的正路，就在于没有弄清他们的人生价值，常常把精力消耗在毫无意义的事情上。惟有目标和价值观完全相符，才能使人的心灵得到欣慰和满足。

如果一个人希望做出不凡的成就，只有一个办法，那就是按照自己的价值观确定工作目标。一切正确的决定，都植根于清楚的价值观。成功的工作目标是价值观的灿烂之果。

（1）将个人目标与企业目标挂钩。把个人目标与企业目标间的直接关系准确、精练地描述出来，是一件很必要的事。个体应该看到怎样取得成就与提高工作效率会有助于推动企业目标的完成。同时，也有必要去了解企业将会提供怎样的报酬予以补偿，以便帮助个体实现自己的目标。

（2）将目标解释清楚，让员工全部都明了，可以激发他们的热忱，使得他们发挥最大的力量，这是靠压迫所得不到的无限力量。

（3）当大计划制订好之后，管理人还要不时检讨，因为大计划是宏观性的，是总体性的，涉及很多主观的构思，它是否切实可行还有待实践的进一步检验。在计划实践的过程中，管理人会发现不少问题，同时也会受到客观环境的限制。这时，计划就需要按时作检讨和修订，使之更加切实可行。

别让战略目标与绩效目标脱节

一个企业成功了，我们往往称赞的是企业的管理者，因为企业是"他"或者是"他管理"下获得的成功，他们总是用一种自豪的语气夸耀："我的企业养活了多少员工……"。换言之，成功是管理的成功，员工只是由于管理善意恩赐下才得以生存。究竟谁是企业的功臣，谁养活了公司？

李嘉诚的一段话或许值得我们深思："一个企业就像一个大家庭，员工才是企业的功臣……说管理者养活了员工是旧式企业的观点，应该说是员工养活了老板、养活了公司。"确实，没有广大员工的苦干，再有本事的老板也是孤掌难鸣。为什么企业的风险要求员工共同承担，而企业的成果就归于管理者一人呢？这显然是不合理的，员工既然分享了风险，那他们就有权分享成功。

如果评选"最令管理者生厌的工作"的话，"考核"肯定能名列前茅。频繁的考核周期、复杂的表格、烦琐的评价项目、上下级在制定目标时的讨价还价……无一不会让管理者头疼。

这种令人生厌的局面究竟是什么原因造成的呢？

究其原因，绩效目标和企业战略相脱节是重要因素。

首先，很多企业盲目追求绩效目标的"全面性"。为了不遗漏目标，企业往往把各种指标都罗列出来，并设计相应的标准进行考核，有的部门承担着30多项指标。

这种看似周全的考虑，在实践中只会带来两种结果。

一方面，人的精力分散，不能集中在重点目标，尤其是战略目标上。心理学研究证明，人在一个时间段内的心理能量只能很好地关注 7 个左右的单元。目标非常多和没有目标的效果是一样的。

另一方面，人们在多目标情景中，由于不能兼顾，往往会采取"牺牲创新，少犯错误"的行事原则。因此，规规矩矩表现的部门由于没有大的差错，就不会得到太差的评价。

仔细研究，追求目标的全面性的背后，有两种假设。一种假设是，员工天生是爱偷懒的，因此需要外部的监控；另一种假设是，不考核的内容，员工就不会去做。实际上，员工最反感的就是外部控制，尤其是知识型员工，这种心理更为强烈。另外，企业不能以"考"代"管"，日常的沟通、协调和关键点的控制程序都是必要的管理措施，不能把全部压力都让绩效考核来承担。

造成脱节的更重要的一个原因是，绩效目标的来源往往不是企业战略。

在很多企业中，无论是部门的绩效目标，还是员工个体的绩效目标，往往来源于往年的习惯和静态的职能界定。

基于去年的做法来制定当前的绩效目标，显然是假设环境处于稳定状态，不会有太大的变化。实际上，在这个变革时代，多数行业的环境是动荡的，存在着极强的复杂性、频繁变化性和不可预测性。因此，在制定绩效目标时，一定要基于新的环境要求，而不要过分基于过去的行为习惯。

此外，基于静态的职能界定制定绩效目标，往往是不直接承担业务指标的行政支持部门的做法，他们假设部门的职能是稳定的，工作内容也是固定不变的。其实，无论是业务部门，还是支持部门，随着企业战略的不断调整，其绩效目标也是不断变化的。

那么，如何解决绩效目标和战略的脱钩问题呢？我们可以从平衡计分卡中寻找解决思路。

如果我们不能描述一项事物，我们就找不到衡量它的方法。如果不能很好地衡量一项事物，我们就很难有效地管理它。对企业战略而言，也是这个道理。中国的企业家不缺乏战略眼光和思考，欠缺的就是如何把这些想法用清晰的语言和可操作的方法描述出来。

平衡计分卡中强调因果关系链，实际上是企业战略的描述。这种因果关系式的战略描述，使得我们能够对战略进行管理，而不是盲目地跟着感觉走。以戴尔公司为例，以直销模式为核心、提升运作效率是其战略，而只有把这个战略从财务、客户、内部流程和学习与成长四个方面进行定量化描述时，这个战略才能够真正落地。

平衡计分卡中的因果链有两层含义。一层含义是普遍意义上的BSC因果关系链。即员工学习与成长促进内部流程的改善或创新，进而提高顾客满意度，最后影响财务绩效。另一层含义是指和企业价值定位直接相关的因果关系链。是通过从员工学习与成长到财务四个角度之间的层层递进关系来实现这个价值定位的。

平衡计分卡的四个方面只是描述战略的思考模式，只有那些具体的衡量指标才对企业的实际行动有直接的影响力。

如 3M 公司以创新为其战略，在其员工学习与成长方面就会制定出促进创新战略的具体绩效目标，如激励创新的薪酬机制建设等。

当然，由于战略是动态的，企业绩效目标也应不断调整，随战略而动，才能保证绩效目标和战略不脱节。

同时，要敢于大胆舍弃非战略性的绩效目标。

战略最主要的不是选择做什么，而是选择不做什么。绩效目标的设计也是如此，大胆地舍弃非战略性目标是保证战略性绩效目标得以实现的举措。

当然，对企业生存至关重要的目标，虽然不一定体现变动的战略，也仍然应设计为考核目标。

总之，无论是关键绩效指标，还是平衡计分卡，都倡导战略性绩效管理体系的设计。作为"战略性"的体现，最为重要的就是绩效目标和战略的紧密结合。

（1）管理者要善于跳出"零和"的圈子，寻找能够实现"双赢"的机遇和突破口，防止负面影响抵消正面成绩。

（2）管理者都有必要让员工看到自己的劳动成果，及时与员工分享成功。这种成功不只是给员工带来经济上的利益，也会激发员工的潜力，鼓励员工持续追求进步的动力。

下属的工作必须有目标才会有动力

美国皮京顿兄弟公司总裁 A·皮京顿提出：人们如果无法明确工作的准则和目标，他必然无法对自己的工作产生信心，也无法全神贯注。

没有目标，我们的梦想便是无的放矢，无处依归。有了目标，才有斗志，从而开发我们的潜能，并促使我们为之寻找到达目的地的方法。

亚里士多德说："要想成功，首先要有一个明确的、现实的目标——一个奋斗的目标"。

要让每个人了解团队的方向，必须设定高目标，还要以量化的手法，务实地订定能够展现进度和成果的指标，这样一来，每个成员就能在自己的岗位尽一己之力。

如果生活没有目标，你的努力就没有方向。好像一个断了线的风筝，随风而飘，不知所往。目标能够激发人们的意志和激情，产生一种强大的动力。你如果为自己设计了一个远大而切实可行的目标并且制订出切实可行的计划，然后付诸行动，这样你的未来就操纵在自己的手里了。这时，成功对你来说，只是时间的问题了。

当你感觉自己的工作漫无目标、循环不已、空泛无味时，效率会大为降低。"戴着眼罩做事"是做不好事情的。

有了目标就必须要明确它。因为模糊不清的目标不但不能帮助你到达成功的彼岸，反而会让你陷入迷惑之中，让你觉得成功太遥远，可望而不可即。

一句英国谚语说："对一艘盲目航行的船来说，任何方向的风都是逆风。"

人生的目标，不仅是理想，同时也是约束。有约束，才有超越，才有发展。

就像一位跳高运动员，如果他的前面不放一根横杆，让他漫无目的自由跳高，可以肯定，永远也跳不出好成绩来。而正确的方法是，在他面前设定目标，放置一根横杆约束他，让他不断地超越，横杆也就不断升高。在一定范围内，横杆越高，跳得就越高；横杆很低时，他也跳不起来。因为，没有目标（横杆很低）时，会产生强烈的"失落"感。

拿破仑·希尔说：目标必须是长期的、特定的、具体的、明确的。

曾有一个年轻人因为工作上的事情特地来找拿破仑·希尔帮忙，这位先生举止大方，聪明，未婚，大学毕业已经四年了。

希尔从年轻人目前的工作谈起，了解到他所受的教育情况、家庭背景以及对事情的态度。然后希尔问他："你找我，目的是不是就是让我帮你换份工作呢？"

年轻人答道："是的。"

"那你想要一份什么样的工作呢？"

"问题就在这里，我真不知道自己该做什么。"年轻人回答说。

这个问题其实很普遍，特别是在年轻人当中普遍存在。后来，希尔帮他和几个老板进行了接洽，但帮助都不大，因为这种误打误撞的求职方法并不高明。拿破仑·希尔让这位年轻人静下心来，先想明白自己适合哪项工作，然后再做决定。

希尔说："不妨让我们换个角度想一下，10 年以后你希望自己是个什么样子呢？"

年轻人沉思了一会儿，说："我希望我的工作和别人一样，待遇很优厚，并且买下了一栋好房子。当然，更深入的问题我还没考虑好。"

希尔说："你的想法是很自然的现象，你现在的情形就好比是跑到航空公司里说：'给我一张票'一样，除非你说出你的目的地，否则人家无法卖给你。同样道理，除非我知道了你现实的人生目标，否则我无法帮你找到合适的工作。只有你自己知道你的目的地。"

年轻人恍然大悟，他不得不开始认真地思考。两个小时过后，那名年轻人满意地离开了。希尔相信他已经学到了重要的一课：出发以前，先要有目标！

大多数员工也是如此。他们希望命运之风能够把他们吹入某个富裕又神秘的港湾，他们盼望在遥远未来的"某一天"退休，在"某地"一个美丽的小岛上过着无忧无虑的生活。倘若问他们将要如何达到这个目标时，他会很茫然地摇头说："我没有详细的办法。"

其实他们不可能实现自己的理想，其原因在于：他们从来没有真正定下生活的目标。

一个没有目标的人，无异于盲人骑瞎马，其前景绝对不可能乐观。

拿破仑·希尔告诉我们：有了目标才会成功。

目标是一个人对所期望成就的事业的真正决心。目标不是幻想，因为一个切实可行的目标完全可以带来实现的满足感！

人生没有目标，任何人都不可能成就任何事业，因为它不会促使你采取任何实际的行动步骤，那么你就只能在人生旅途的十字路口徘徊，永远抵达不了成功的彼岸。

就如空气对于生命一样，目标对于工作效率也绝对重要。

如果没有空气，没有人能够生存；如果没有工作目标，没有人能够获得成功。

有一个现象正说明了确立目标的重要性。在阳光底下将放大镜放到纸的上方，距纸有一小段距离。如果放大镜是移动的话，永远也不会将纸点燃，而当将放大镜的焦点对准纸的某一部位，用不了多久，纸就会被点燃。

同样道理，不管你具有多少能力或是才华，如果你无法管理它，不是将它聚集在特定的规划上，并且一直保持在原位，那么你永远无法取得成功。

有的孩子说，我将来长大后要做一名伟人，这个目标就太不具体了。就像我们小时候在作文本上经常看到有孩子写上"我长大要做总统"一样。

明确的目标会带给你创造的激情火花，它就像成功的助推器，会推动你向理想靠近或飞跃。一个人如果没有明确的目标，他就会失去崇高的使命感，也就丧失了进取的活力。

对优秀员工而言，在你决定了你所追求的工作目标之后，你就等于做出了人生最大的选择！

有了美好的理想，你就看清了自己想要获取什么样的成功；有了明确的目标，你就会有一股无论顺境还是逆境都勇往直前的冲劲！

（1）组织是由个体组成的，当组织的目标与个体的目标一致时，整个组织的力量就会达到最大。企业的管理者应该想方设法使企业的目标也变成员工自己的目标，只有每一个员工都认同企业的战略，才能达到最佳的管理效果。

（2）员工的工作热情和动力来自一个明确的目标。在企业里，当下属的行动有明确的方向，他们的行动动机就会得到维持和加强。而企业的管理最重要的一个作用，就是要为下属们确定工作的目标，让他们知道自己该干什么。

（3）目标可以让员工明确地知道要做什么，以及要付出多大的努力才能达到目标，这样就让他们有了一个为之努力的目标。员工在有明确目标的时候会做得最好，进一步说，特定的目标能够提高绩效。

第三章

人性管理恰到好处

——得到人心的回报

关爱员工有利于鼓舞员工士气，如果管理者能让每位下属能从内心赞赏你的品格，那么你就可以轻轻松松地指挥任何人了。要想达到这种境界，管理者必须塑造自我品格，贴近下属，不摆官架子。人性化管理恰好又是企业进行管理提升的必经之路，因此管理者更应把握职场主力军的契机，通过实现真正意义上的人性化管理对企业的管理体系进行升级，为未来的竞争赢取优势。

"柔性管理"可调动员工积极性

所谓的仁，是从心底里欣然地去爱别人。中国传统的"仁爱"是以"信"为基础，与理想联系。

"柔性管理"是以人性化的管理理论为基础，从满足员工的生理、安全、社交、尊重、自我实现的 5 个需要层次出发，结合企业的经营机制及市场经济条件下的员工价值观念，整合管理各要素，为员工创造经济需求（生理、安全）、精神需求（社交、尊重、自我实现）、"自我实现"的文化氛围和参与管理的"自我改善"机制，以充分调动员工积极性，增强企业活力和凝聚力的一种管理方式。

"柔性管理"是相对于"刚性管理"提出来的。"刚性管理"以"规章制度为中心"，凭借制度约束、纪律监督、奖惩规则等手段对企业员工进行管理，这是 20 世纪通行的泰勒管理模式。而"柔性管理"

则是"以人为中心"，依据企业的共同价值观和精神氛围进行人格化管理。它是在研究人的心理和行为规律的基础上，采用非强制性方式，在员工心目中产生一种潜在的说服力，从而把组织意志变为个人的自觉行动。

"柔性管理"的基本宗旨是：内在重于外在，心理重于物理，身教重于言教，肯定重于否定，激励重于控制，务实重于务虚。

"柔性管理"的最大特点在于，它主要不是依靠外力（如管理者的发号施令），而是依靠人性解放、权利平等、民主管理，从内心深处激发每个员工的内在潜力、主动性和创造精神，使他们能真正做到心情舒畅、不遗余力地为企业勤奋工作，成为企业在激烈的市场竞争中取得竞争优势的力量源泉。

自我改善的柔性管理以严格规范管理为基础，以高素质的员工队伍为条件，突出员工自我管理的主体。通过顺势而人性化的管理，强化管理的应变能力。它以理性的管理思维，超越了传统的单纯制约管理模式，把刚性管理制度的强制性实施发展成为员工自觉行为准则和弹性的约束机制；把被动的事后检查考核管理方式转变成事前预防性的相互协作、互为监督的管理方式；把围绕生产的管理结构调整为适应发展的弹性管理结构；把员工在企业中自我价值的实现与企业的发展目标相融合。

大连三洋制冷有限公司的"柔性管理"制度是中国企业人性化管理的典范。这家由日本三洋电机株式会社、中国大连冷冻机股份有限公司、日本日商岩井株式会社合资兴建的企业，之所以能当年投产当年盈利,并连续多年荣获辽宁省三资企业十大高效益企业,"自我改善的柔性管理"起了非常重要的作用。

总结大连三洋制冷有限公司在员工管理上的经验,主要有以下三个方面:

其一,柔性管理的核心是"自我管理"。"自我管理"是员工参与管理的升华,是实现员工自我评价的有效形式,是企业员工主人地位的具体体现。

其二,柔性管理贵在"自我改善"。"自我改善"是一种观念,是一种精神,是"柔性"管理的灵魂。为了促使自我改善意识的形成,使员工成为改善活动的主体,公司从员工入厂开始,即进行"爱我公司"的员工行为准则教育,"创造无止境改善"的自我完善教育,"现场就是市场"的危机感教育。

其三,柔性管理的精髓是"爱人"。三洋制冷的柔性管理,以尊重人的价值,发挥人的才能,承认人的劳动为精髓,通过不断提高的员工素质带来产品的高质量、生产的高次序、企业的高效益、员工的高收入。"五高"是以人为本,以高质量、高效率、高效益为目标,最终又以员工的高收入为归宿的良性循环。

"柔性管理"在企业管理中的作用主要表现在三个方面:

第一,激发人的创造性。在工业社会,主要财富来源于资产,而知识经济时代的主要财富来源于知识。知识根据其存在形式,可分为显性知识和隐性知识,前者主要是指以专利、科学发明和特殊技术等形式存在的知识,后者则指员工的创造性知识与思想。显性知识人所共知，而隐性知识只存在于员工的头脑中，难以掌握和控制。要让员工自觉、自愿地将自己的知识、思想奉献给企业，实现"知识共享"，单靠"刚性管理"不行，只能通过"柔性管理"。

第二，适应瞬息万变的外部经营环境。知识经济时代是信息爆炸的时代，外部环境的易变性与复杂性一方面要求中国式管理必须整合各类专业人员的智慧；另一方面又要求战略的出台必须快速。这意味着必须打破传统的严格的部门分工的界限，实行职能的重新组合，让每个员工或每个团队获得独立处理问题的能力，独立履行职责的权利，而不必层层请示。因而仅仅靠规章制度难以有效地管理该类组织，而只有通过"柔性管理"，才能提供"人尽其才"的机制和环境，才能迅速准确地做出决策，才能在激烈的竞争中立于不败之地。

第三，满足个性化消费的需要。在知识经济时代，人们的消费观念、消费习惯和审美情趣也处在不断的变化之中。满足"个性消费者"的需要，对内赋予每个员工以责任，这可以看作是当代生产经营的必然趋势。知识型企业的这种巨大变化必然要反映到管理模式上来，导致管理模式的转化，使"柔性管理"成为必然。

柔性管理，实际上是强调用正确的方式去达到事半功倍的效果。当管理者惩罚员工或表示反感情绪之时，先反问自己"我是否能接受别人用这种方式对我说话呢？"以自己处于他们的位置为"假设"前提，你当然喜欢人家使用和蔼体贴的方式，那么，你也就用自己"喜欢的态度"对待员工吧！

（1）对工作上的关心。满足员工的个人需要。

（2）对员工家人的关心，虽然付出的不多，但收获很大。

（3）对职员的生活问寒问暖，能使职员深受感动。

（4）对合理的工资要求尽量给予满足。

（5）与雇员多谈心，沟通拉近彼此距离。

善于体贴和关心下属

善于以情攻心的管理者都非常注意细节，他们从点滴做起，通过一些小事温暖员工的心，让下属在不经意间感受到管理者真诚的关怀和无限的温暖。

小事足可以折射出一个管理者品质的整体风貌和管理艺术，大家会通过一些鸡毛蒜皮的小事，去衡量你、评判你。

在处理一些小事上，你做的效果不佳，或不完美，也会被下属们轻视、讥笑。他们会认为像你这样连一点儿小事都不想做，或者连一点儿小事都做不成的管理者，又如何做得了大事情呢？你的信誉会受到威胁。

要从小事关心员工，中国式管理首先得做一个有心之人，善于发掘小事后边的重大意义，这就要留心观察，细心思考。有一些小事，你作为企业管理者，必须努力去做到。

小事足可以折射出管理者的品质风貌，员工往往会通过一些鸡毛蒜皮的小事，去衡量你、评判你。

如果管理者能在许多看似平凡的时刻，勤于在细小的事情上与下属沟通感情，经常用"毛毛细雨"去灌溉员工的心灵，下属会像禾苗一样生机勃勃、水水灵灵、茁壮成长，最终必然结出丰硕的果实。

调动员工的积极性，激发他们的热情和干劲，企业管理者光会说一些漂亮话是不够的。配合实际行动，不失时机地显示你的关心和体贴，无疑是对下属的最高赞赏。这种方法可以在下列场合中收到最好的效果：

小事往往是成就大事的基石，这两者之间是相互联系，相互影响，相辅相成的。管理者要善于处理好这两方面的关系，使两者相得益彰。

（1）记住下属的生日，在他生日时向他祝贺，现代人都习惯祝贺生日，生日这一天，一般都是家人或知心朋友在一起庆祝。聪明的管理者善于"见缝插针"，使自己成为庆祝的一员。有些管理者惯用此招，每次都能给下属留下难忘的印象。或许下属当时体味不出来，而一旦换了领导有了差异，他自然而然地会想到你。

给下属庆祝生日，可以发点奖金、买个蛋糕、请顿饭甚至送一束花，效果都很好，乘机献上几句赞扬和助兴的话，更能起到锦上添花的效果。

（2）下属住院时，管理者一定要亲自探望。一位普普通通的下属住院了，他的上司亲自去探望时，说："平时你在的时候感觉不出来你做了多少贡献，现在没有你在岗位上，就感觉工作没了头绪、慌了手脚。安心把病养好！"结果，这个下属感动不已，出院后十分卖力，为他的上司挣了更多的钱。

有的管理者就不重视探望下属，其实下属此时是"身在曹营心在汉"，虽然住在医院里，却惦记着领导是否会来看看自己，如果领导不来，对他来讲简直是不亚于一次打击，不免会嘀咕："平时我干了好事他只会没心没肺地假装表扬一番，现在我死了他也不会放在心上，真是卸磨杀驴。没良心的家伙！"

（3）关心下属的家庭和生活。家庭幸福和睦、生活宽松富裕无疑是下属干好工作的保障。如果下属家里出了事情，或者生活很拮据，管理者却视而不见，那么对下属再好的称赞也可能显得假惺惺的。

有一个文化公司，职员和管理者大部分都是单身汉或家在外地，就是这些人凭满腔热情和辛勤的努力把公司经营的红红火火。该公司的管理者很高兴也很满意，他们没有限于滔滔不绝、唾沫星飞的口头表扬，而是注意到职工们没有条件在家做饭，吃饭很不方便的困难，就自办了一个小食堂，解决了职工的后顾之忧。当职工们吃着公司小食堂美味的饭菜时，能不意识到这是管理为他们着想吗？能不感激管理者的爱护和关心吗？

（4）抓住欢迎和送别的机会表达对下属的关心。调换下属是常常碰到的事情，粗心的管理者总认为不就是来个新手或走个老部下吗？来去自由，愿来就来，愿走就走。这种思想很不可取。

善于体贴和关心下属的管理者与口头上的"巨人"做法也截然不同。当下属来报到上班的第一天，口头上的"巨人"也会过来招呼一下：

"小陈，你是北大的高材生，来我们这里亏待不了你，好好把办公用具收拾一下准备上马！"

而聪明的管理者则会悄悄地把新下属的办公桌椅和其他用具收拾好，而后才说：

"小陈，大家都很欢迎你来和我们同甘共苦，办公用品都给你准备齐全了，你看看还需要什么尽管提出来。"

同样的欢迎，一个空洞无物，华而不实；另一个却没有任何恭维之词，但管理者的欣赏早已落实在无声的行动上，孰高孰低一目了然。

下属调走也是一样，彼此相处已久，疙疙瘩瘩的事肯定不少，此时用语言表达管理者的挽留之情很不到位，也不恰当。而没走的下属又都在眼睁睁地看着要走的下属，心里不免想着或许自己也有这么一天，管理者是怎样评价他呢？此时管理者如果高明，不妨做一两件让对方满意的事情以表达惜别之情。

以自己的实际行动，不失时机地在一些小事上显示你的关心和体贴，无疑是对下属的最高赞赏，也是调动其积极性、激发职员的热情和干劲的绝佳手段。

随时关心员工的愿望，洞悉员工的不满，以员工利益代表人的身份，将他们的愿望和不满正确反映给管理者，为实现员工的合理利益而努力。

得到关心和爱护，是人的精神需要。它可沟通人们的心灵，增进人们的感情，激励人们奋发向上，挖掘人们的潜力。作为一个企业管理者，对全体员工应关怀备至，创造一个和睦、友爱、温馨的环境。员工生活在团结友爱的集体里，相互关心、理解、尊重，会产生兴奋、愉快的感情，有利于开展工作。相反，如果员工生活在冷漠的环境里，就会产生孤独感和压抑感，情绪会低沉，积极性会受挫。

管理者要善于打好"人"字牌

在日趋复杂的社会里，一个高级工程师未必能成为一个优秀的管理者。道理很简单，工程师面对的课题是一种专业的功夫，而企业领导则需要一种较为综合、全面的素质。领导的职责，就是要让企业这部机器最好地运转起来，产生最大的效果。

1. 培养人性价值观

耐心、和蔼是中国式领导应有的素质，并且要不断地去培养这种价值观。人类是有感情的，尊重被管理者的人格，你同时也得到了他们的尊敬和忠心。他们有家人和朋友，也有爱好与厌恶，你若整天摆出一副居高临下的姿态，并且冷淡地对待他们，就会让他们失去为你工作的动力。"己所不欲，勿施于人"，这是管理上的金科玉律。当然，这并不等于领导随意迁就员工的过错。

2. 化挑剔为引导

现代领导的工作内容中，有时要充当师傅的角色，指出员工的错误，告诉他们哪儿出了差错，然后让员工按正确的方法去工作。在这个"指导"的过程中，中国企业的有些领导往往喜欢过分挑剔，似乎不加以严厉批评就心里不舒畅。

千万别当这种领导。你在自己领域的知识和经验可能会比许多下属丰富，所以，你的工作就是要教导好手下人并使之优秀起来，而不是整天去挑剔或显示他们如何地比不上你。成功的中国式领导能鼓励下属，而不是批评他们。

有些领导认为员工犯了错误，就无异于在自己的记录本上抹黑。因此，大多数员工犯了错误之后都会有准备受罚的心态。但优秀的企业领导认为，让员工学习和成长的最佳途径就是体验，这就意味着冒险和犯错误。倘若领导动辄就训人，试问谁敢去"体验"？

下属不去"体验"就难以提高自身的技术水平，就难以实现高效率的目标。让你的下属在没有任何监督的情况下尝试应用新技术或承担新任务，当然，是些小的或不太重要的项目。这样，即使有了点错误也不会使企业受损，又可以立即改正员工的错误之处。

总之，领导不仅要有允许下属失败的豁达心态，还要善于发掘员工自己还未认识到的潜在能量。

3.尽力改善工作条件

员工手里有合适的工具，在愉快、舒适的环境中工作，其效率最高。作为一个领导，对于员工需要什么东西来使工作有效进行，你可能不是位最好的判官，但你有义务向他们提供合适设备，以提高工作效率。

如果你的员工抱怨工作条件，你要专心聆听下去。因为很多时候，员工们这些抱怨通常不是为了个人利益的，而是他们希望把工作尽可能干到最好程度的一种愿望。许多事实告诉我们，提供适当的设备或工作空间，产量将得到大幅度的增长，而且通常只用花一小笔投资。这种事即使你不能拍板，但作为领导也有不可推卸的报告和建议的责任，并要努力到直至解决问题。

被人重视的愿望来自我们内心深处。任何人都渴望引起别人的注意，不管他承认与否，他需要向人倾诉，他需要有人倾听，他有着热切被重视、受赏识的期望。

在传统的管理中，总是先讲究人情，把自己的亲戚放在最显赫的地位。这样的管理，可以说只有情而没有理。现代的企业要想求得发展，必须创造出公平合理的竞争环境，因此绝对不能再把传统的"人情"放在第一位。然而，任何事情都要一分为二地看待。人毕竟是有感情的动物，完全不讲究人情是不行的，这也是现代管理者所追求的以情管理的真谛。

情感管理是指立足于个人心理效用而实施的一种精神管理，所以用情管理，必须立足于员工的人性、人情方面。以情管理是管理者理性的表现，其中的玄机、奥妙，若即若离的感觉，不知不觉的失败或成功，并不是在很短的时间里就能揣摩透、运用好的。

人情只有运用得恰到好处，才能发挥其效用。情感管理用在工作努力、有贡献的员工身上，是一种爱护和精神激励，会产生出巨大的精神动力。经验证明，用微笑去鼓励远比严厉说教对员工的影响更大。在这种情况下，企业领导运用"人情"可以说是感情投资，可以换取更大的精神动力，从而创造出更多的财富。

如果"人情"用在不用功、不努力、作风散漫的员工身上，不仅是种浪费，甚至还会带来更严重的后果，使他更加没有责任感，更容易偷懒。对于这样的员工，你只有不客气地提出警告，施加压力或者干脆淘汰，才不会失策。这样做，并不是让你做一个冷酷无情的领导，只不过是用市场的标准来要求员工。

适当创造员工需要的条件

俗话说："浇树要浇根，带人要带心。"作为领导，必须摸清员工的内心愿望和需求，并予以适当的满足，这样众人才可能追随你。

下面是专家分析总结出来的大多数员工的共同需求，作为企业领导对此要谙熟于心。

1. 干同样的活儿，拿同样的钱

大多数员工都希望他们的工作能得到公平的报偿，希望自己的收入符合正常的水平，即：同样的工作，同样的报酬。员工不满的是别人干同类或同样的工作，却拿更多的钱。偏离准则是令人恼火的，很可能引起员工的不满。

2. 被看成是一个"人物"

员工希望自己在领导、同事的眼里显得很重要，他们希望自己的出色工作能得到承认。鼓励几句、拍拍肩膀或增加工资，都有助于满足这种需要。

3. 步步高升的机会

多数员工都希望在工作中有晋升的机会。向前发展是至关重要的，没有前途的工作会使员工产生不满，最终可能导致辞职。

除了有提升机会外，员工还希望工作有保障，对于身为一家之主并要抚养几口人的员工来说，情况更是如此。

4. 在舒适的地方从事有趣的工作

许多员工把这一点排在许多要素的前列，员工大都希望有一个安全、清洁和舒适的工作环境。但是，如果员工们对工作不感兴趣，那么再舒适的工作场所也无济于事。

当然，不同的工作对不同的员工有不同的吸引力。一样东西对这个人来说是馅饼，对另一个人可能是毒药。因此，你应该认真负责地为你的员工选择和安排工作。

5. 被"大家庭"所接受

员工谋求社会的承认和同事的认可。如果得不到这些，他们的士气就可能低落从而缺乏工作效率。员工们不仅需要感到自己归属于员工群体，而且还需要感到自己归属于企业这个整体，是企业整体的一部分。

所有的员工都希望企业领导赏识他们，甚至需要他们一起来讨论工作，讨论可能出现的变动或某种新的工作方法。他们希望直接从领导那里得到信息，而不是通过小道消息。

6. 领导别是"窝囊废"

所有的员工都需要信赖他们的领导，他们愿意为那些了解他们的职责、能做出正确决策、行为公正无私的领导工作，而不希望碰上一个"窝囊废"来当他的上司。

不同的员工对这些需要和愿望的侧重有所不同。作为领导，你应该认识到这类个人需要，认识到员工对这类需要有哪些不同的侧重。对这位员工来说，晋升的机会或许最为重要，而对另一位来说，工作保障可能是第一重要。

鉴别个人的需要对你来说并非易事，所以要警觉到这一点。员工嘴上说想要什么，与他们实际上想要什么可能是两回事。例如，他们可能声称对工资不满意，但他们真正的需要却是要求得到其他员工的承认。为了搞好企业内的人际关系，你应该了解这些需要，并尽可能去创造能满足员工的大部分需要的条件。为此而努力的领导会与他的员工相处得最好，使得上下一心，有效地、协调一致地进行工作。

如果你希望自己成为一名具有激励力的领导，就必须表现出你对员工的关心。而关心员工的企业领导主要表现在：

（1）激励员工做他们从未考虑过的事情；

（2）让员工对他们所从事的工作感到满意；

（3）发现并充分利用员工的专长；

（4）发展员工们的兴趣爱好；

（5）走出来与员工一道工作，而不是高高在上的领导；

（6）真正倾听员工们的心声。

如果你真心实意地关心你的员工并表现出来，你将会满足他们需要被别人关心这一最基本的需求。那种感觉会使员工备受激励并努力工作。

企业领导表现对员工的关心实际上并不需要花费任何东西，只需要你付出一点点精力，就能为企业积累大量的财产——为企业积极贡献的员工。换句话说，关心员工的领导能够激励员工关心他们所做的事，并使他们更加努力地去达到目标。

当你要求员工多走一步或走出他们习惯的地带时，你表现的关心和你给予的鼓励将会帮助他们抵制压力带来的消极影响。你要强调这样一个有力的信息：我们在一起，我们是一个团队。运用你的关心去激励你的员工，去关心他们的工作，去用心领导他们，就可以建立一支能够共同努力达到目标的团队。

优秀的领导就是那些在工作中紧密地反映员工们的心声，与员工的区别不是职务更高而是职责更大的领导。记住：一个伟大的管理者从不将自己凌驾于他的员工之上，除非是承担责任。

用真心去换取忠心

　　企业领导只会下命令是不够的，关心下属也是你的一门必修课。你肯定知道人们必须具备衣食住行等生活条件才能从事政治经济等活动。下属的生活状况如何，直接影响到他的思想活动、精神状态及工作效率。

　　一个高明的企业领导，不仅善于使用下属，更善于通过为下属排忧解难来唤起他的内在工作热情——主动性、创造性，使其全身心投入工作。

1. 提供舒适的工作环境

　　员工对企业的要求会越来越高，他们会要求更多的酬劳，更舒适的工作环境，其实就是要求对工作的满意度。

　　优秀的企业非常强调为员工提供一个一流的工作环境。这是因为一流的环境不仅能使工作的员工感到身体上的舒适，还能使他们的创造性在这种舒适的条件下自发地发挥出来。更重要的是，当员工们在这种适合自己发展的环境中体会到企业所寄予的厚望时，就会更加努力进取，而这也可以用来解释优秀的企业之所以成为一流企业的原因所在。

2. 让员工说出心里话

员工虽然能接受与自己的理想不太一样的东西，但并不代表他们就能完全坦然接受了，这时就要鼓励他们说出自己的想法——不管是否合理。让员工把话说出来是最好的解决矛盾的办法，如果你连员工在想什么都不知道，解决问题就没有针对性。所以，应该为他们开条"绿色通道"，使他们的想法第一时间反映上来。

海尔给新员工每人都发了"合理化建议卡"，员工有什么想法，无论制度、管理、工作、生活等任何方面都可以提出来。对合理化的建议，海尔会立即采纳并实行，对提出者还有一定的物质和精神奖励。而对不适用的建议也给予积极回应，因为这会让员工知道自己的想法已经被考虑过，他们会有被尊重的感觉，更敢于说出自己的心里话。

在新员工所提的建议与问题中，有的居然把"蚊帐的网眼太大"的问题都反映出来了，这也从一个侧面表现出海尔的工作相当到位。

3. 培养员工的归属感

敢于说话是一大喜事，但那也仅是"对立式"的提出问题。有了问题可能就会产生不满、失落情绪，这其实并没有在观念上把问题当成自己的"家务事"，这时就要帮助员工转变思想，培养员工的归属感，让新员工不把自己当"外人"。

海尔本身就给员工一种吸引，一种归属感，而并非像外界传闻的那样，好像海尔除了严格的管理，没有一点人性化的东西。"海尔人就是要创造感动"，在海尔每时每刻都在产生感动。

企业领导对新员工的关心真正到了无微不至的地步。在新员工军训时，人力中心的领导会把他们的水杯一个个盛满酸梅汤，让他们一休息就能喝到；集团的副总专门从外地赶回来目的就是为了和新员工共度中秋；集团领导对员工的祝愿中有这么一条——"希望你们早日走出单身宿舍"（找到对象）；海尔还为新来的员工统一过生日，每个人可以得到一个温馨的小蛋糕和一份精致的礼物；首席执行官张瑞敏也会特意抽出半天时间和大学生共聚一堂，沟通交流。对于长期在"家"以外的地方漂泊流浪，对家的概念逐渐模糊的大学生来说，海尔所做的一切又帮他们找回了"家"的感觉。

"人心齐，泰山移"，全体员工的同心协力、一致努力是企业能获得最终成功的有力保证。而要做到这一点，企业领导就要多关心员工的生活，对他们遇到的事业挫折、感情波折、病痛烦恼等"疑难病症"给予及时的"治疗"和疏导，建立起正常、良好、健康的人际关系、人我关系，从而赢得员工对企业的忠诚，增强员工对公司的归属感，使整个企业结成一个凝聚力很强的团体。

据研究发现，在缺乏激励的环境中，人才的潜力只能发挥出20% ~ 30%，即刚刚能保住饭碗；而在良好的激励环境中，同样的人却可以发挥潜力的 80% ~ 90%。良好的激励能够最大限度地调动人的积极性和主动性，因此，领导必须从细节上关心员工，用你的心换取员工的忠诚。

第四章

交流沟通恰到好处

——保证交流顺畅无阻

交流是管理者与下属之间，思想与感情的传递和反馈的过程，以求思想达成一致和感情的通畅。因此，管理者要把交流和沟通深入到工作和生活的每一个角落，去了解他们，使他们精通岗位技能，认同企业这个大家庭，最终达到锻造一支和谐稳定企业队伍的目的。

完善沟通制度，提倡全面交流

管理是发生在人与人之间的工作，而人与人之间永远离不开沟通。有效、正确的沟通有助于管理者迅速地消除冲突和误解、解决矛盾，并增强管理者与下属、下属之间以及本部门与外单位之间的亲密度，使本部门内部更为团结，有利于管理者的成功与组织的发展。

在许多企业中，管理者和员工之间建起了厚厚的一堵墙，阻碍了他们之间的沟通交流，也阻碍了企业效率的提高和团队凝聚力、合作力的形成。一项调查表明，现代企业的管理者，70％的时间都是用在沟通上，例如开会、谈判、做报告等。但是，在企业中70％的问题又都是由于沟通障碍引起的。比如企业最常见的效率低下问题，往往是由于员工有了意见后，缺乏有效的沟通引起的。另外，企业的执行力差、管理力不高等问题，归根结底也与沟通不力有很大关系。

真诚有效的沟通，能拆除管理者与员工中间的壁垒，正确运用沟通手段，可以帮助企业建立一支以协作工作为中心的强健的员工队伍，可以增强企业的竞争力和凝聚力。

正如韦恩·佩思所说："沟通是人们和组织得以生存的手段，当人缺乏与生活抗争的能力时，最大的根源往往在于他们经常缺乏适当的信息，不充分吸取组织的信息，除了本身的努力之外，很大程度在于他们是否拥有重要的信息和完成工作的技巧，而这些信息和技能的获得，又取决于在技能学习和信息传递过程中沟通的质量。"所以，充分有效地沟通是一个组织提高效率、增强竞争力的关键。

成功的企业之所以成功，是因为他们都建有全方位的沟通机制。这些企业的沟通机制，都不是零散随机的，而是一种有制度保障的经常性机制，用以贯穿于沟通的全过程之中。

只有建立了系统全面的沟通机制，才能在企业内部形成一种透明、畅通的双向沟通环境，只有在这种有效机制下，员工们才能更好地提出自己的意见，更有效地全面吸收信息。具有全方位沟通机制的企业，通常也更能吸引优秀人才的青睐。

英特尔的成功在很大程度上得益于公司内部沟通体系的建设。在英特尔总部，专门设有一个"全球员工沟通部"，促进英特尔沟通体系与团队的发展。

英特尔推崇并采取开放式的双向沟通模式，既有自上而下的交流，也有自下而上的反馈。公司的高层管理人员，会经常通过英特尔内部网络，进行网上直播、网上聊天，向全球员工介绍公司最新的业务发展以及某项员工关心的情况，和员工进行互动沟通，回答员工提出的各种问题。

季度业务报告会，也是英特尔公司进行员工沟通的重要方式。这是一种面对面的沟通。在季度业务报告会上，不仅是公司向员工通报最新的业务发展情况，还现场对员工所提出的问题进行回答。员工通过现场提问，面对面地与公司管理层进行交流，在英特尔季度业务报告会之前，为了了解员工所关注的问题与所忧虑的事情，各部门内部会通过员工问答的方法，预先了解员工的心声。

此外，在英特尔公司，每个季度会定期出版员工简报，让员工了解公司的最新动向，连第一线员工也没有被遗忘。在工厂里，每个星期都会定期出版一期员工快报，把公司及工厂里最新最重要的信息，第一时间送到员工手中。

英特尔还经常利用一对一的面谈来进行自下而上的沟通。公司与员工经常召开员工会议，由员工来制订会议的议程，决定在会议上探讨的内容，包括员工对自己职业发展的想法，对经理人员的看法和反馈。经理会定期和所有的下属进行及时沟通，听取员工的建议与想法，传达公司的政策与各项业务决策。另外，在英特尔，每年都会进行一年一度的全球员工关系调查，英特尔总部会派人到全球各个国家与地区的分公司，对该公司的员工关系与沟通情况进行调查。

英特尔同许多著名全球 500 强公司一样，采取门户开放式的沟通。很多时候，有意见的员工不愿意直接与自己的上司面谈。为了使这些员工的意见能够得以倾诉，英特尔就在人力资源部专门设置一名员工关系顾问。员工可以与这位顾问面谈，顾问会对所了解的信息进行独立调查，考察员工反映的情况是否属实，然后将调查结构通知公司有关部门，包括员工的经理。为避免经理人员对员工进行报复，英特尔还制定了一系列的规则，保护员工的权利。

英特尔的目标是构建起一个完整的沟通环，对获得的消息与建议采取后续的行动，给员工满意的回复，解决相关问题，而不是仅仅为沟通而沟通。

明智的管理者提倡的是全面交流。在全方位交流中，公司的各种情况，包括盈利情况、组织成员的结构、面临的困境及最新战略，都能被所有的员工第一时间掌握，这样才能建立互相信任的良好气氛，让所有员工更加真诚，使公司上下团结一致，保持高度的凝聚力和向心力。让员工随时了解企业的各种情况，客观公正对待他们的意见和建议，员工就会感到受重视，进而就会产生与企业荣辱与共的意愿，认真履行自己的职责，为公司承担更多责任，千方百计提高自己的能力，并为企业的发展出谋献策。在一个推崇全方位交流的企业中，每个人都明确知道别人对自己的期望，也知道自己该干什么和该怎么做。

（1）企业中往往会存在缺乏沟通的问题，这对企业的健康成长极为不利。管理者应当冲出缺乏沟通的困境。

（2）完善的沟通制度不仅能创造财富，而且能增加公司的活力。一个有完善沟通制度的企业，一定是一个充满活力的企业。

决策实施，更需要与员工沟通

著名管理学家巴纳德认为："沟通是一个把组织的成员联系在一起，以实现共同目标的手段。"有关研究表明，管理中70％的错误是由于不善于沟通造成的，由此可见沟通能力很重要。

对管理者来说，与员工进行沟通是至关重要的。因为，管理者要做出决策就必须从员工那里得到相关信息，沟通是获得信息的主要渠道。同时，决策要得到实施，更需要与员工沟通。再好的想法、再有创见的建议、再完善的计划，离开了与员工的沟通都是无法实现的空中楼阁。

现实中的许多经验教训都说明，工作中出现的矛盾、问题，往往是因为沟通差，缺少交流所致。所以，管理者要想管好人、理顺事，就必须与员工进行有效的沟通。如果一个企业的上下级之间不能有效沟通，很多有价值的信息就不能传递到每一位员工，那么员工就难以把工作做好，管理者也会遇到棘手的事。

任何一个组织只有通过信息沟通，才能成为一个与其外部环境发生相互作用的开放系统。尤其是在环境日趋复杂、瞬息万变的情况下，与外界保持良好的沟通状态，及时捕捉商机、避免危机是企业管理人员的一项关键职能，也是关系到企业兴衰的重要工作。

管理学大师西蒙曾经这样描述沟通："沟通可视为任何一种程序，借此程序，组织中的一员将其所决定的意见或前提，传送给其他有关的成员。"

不论是管理者还是下属，在工作时都会有这样的牢骚，那就是互相迁怒说彼此间无法沟通，或沟通得不好，从而导致工作效率不高，进而影响到自己的收入。要解决这个问题，办法其实很简单，只要做好彼此间的沟通，一切问题就都迎刃而解了，可关键是这个沟通怎样进行。

企业中有两个数字可以很直观地反映沟通具有重要性，这就是两个70%。

第一个70%，是说企业的管理者有70%的时间用在沟通上。开会、谈判、谈话、作报告是最常见的沟通，撰写报告则是一种书面沟通，对外各种拜访、约见也都是沟通，所以说，管理者有70%的时间都花在沟通上。

第二个70%，是说企业中70%的问题是由于沟通障碍引起的。比如：企业常见的效率低下问题，实际上往往是大家没有沟通或不懂得沟通所引起的。另外，企业里面执行力差、管理不力的问题，归根结底都与沟通能力的欠缺有关。比如说管理者在绩效管理的问题上，对于员工，经常是恨铁不成钢，因为他们没完成年初设立的目标，工作中给予的一些期望，也没有实现。

为什么会经常出现这种员工达不到目标的情况？通过调研发现，这往往是因为员工对管理者提出的目的或者说期望并不清楚。之所以产生这种情况无论是管理者的表达有问题，还是员工倾听领会得不够，归根结底都是不能有效沟通造成的。

有这样一个事实，我们应该承认，就是所有人都希望能够与他人很好地沟通。这"他人"是一个相当广泛的概念。但实际上这种渴望又被现实生活中的某种东西压制着，使人在不知不觉中又拒绝着沟通。

所以说，人与人普遍缺少沟通，即使是有沟通，那所谓的沟通也只是表层的，很少会有人将自己真正地呈现给别人，同时也不会有人这样赤裸着，在你面前进行彼此的沟通。

若想真正地做好沟通，首先应该找出问题的症结所在，这样，才能对症下药，做到药到病除。

有很多人，其实并不真正知道沟通是什么意思，他们只是以为把想说的话说出来，就是沟通了。其实完全不是这么一回事，举一个最简单的例子来进行说明：

在一家公司里，管理者吩咐下属去做一件事情，管理者问下属明白该怎么做了吗？下属说明白了。可做完以后，却惹得管理者很恼火，为什么呢？

因为两人对工作内容的理解存在着很大的出入，结果下属做的和管理者想要的完全不一样。这时候管理者会非常生气，大声责怪下属："没有明白为什么不来问我？"

这句话并没有说错什么，有不明白的地方，就来问嘛！这很正常。

可是如果换一下位置，让管理者去扮演下属的角色，有了问题，他会那么轻易地来找上司吗？

这位管理者看似没有错，其实他也错了，他错就错在认为只要把想说的话都说出来，就尽到责任了，其实不是这样。

上面的例子就充分地说明了，虽然把想说的话说出来了，但由于彼此间缺乏对某一件事情的沟通，没有取得一致的意见和看法，结果做出来不尽如人意，事情没有得到很好的解决。

管理者与下属既然是管理与被管理的关系，联结两者之间的最根本的纽带就是工作，那么工作就是第一位的，而其他的则放在其次。管理者没有必要对下属的生活和隐私有过多过细的了解。当然了，了解一下他的有关状况是应当的，这样可以根据工作的好坏来适当地进行奖罚，如果不这样，也还可以有其他的用途。总之，如果作为管理者，能够多问一下下属的家庭状况，会让他心里感到有一种亲切感。但事情发展到这里就应该停止了，否则会适得其反。

除了这些以外，在很多时候，绝大多数管理者和下属之间就是纯粹的工作关系，工作做得好了，彼此的关系也会更进一步。要想把工作做得更好，只下达命令是不行的，还需要沟通。也就是说要针对一件事情，各抒己见，表述自己的观点和看法，然后进行综合处理，拿出一套最好的实施方案，具体落实到某个人身上，由他去实施，并全权负责，这样，成功的把握会更大一些。

现代的管理是建立在相互沟通的基础上的，并非是一种绝对服从管理。成功的企业，无一不是在有效沟通上做足了文章，下足了功夫。正如安东尼·罗宾曾说的一样："沟通是一门艺术。你不拥有这项基本技巧就不可能获得事业上的成功，这项基本技巧就是沟通能力。"

（1）让员工对沟通行为及时做出反馈。沟通的最大障碍在于员工对管理者的意图理解得不准确或者产生歧义。为了减少这种情况的发生，管理者可以让员工对自己的意图作出反馈。

（2）良好的组织沟通。尤其是畅通无阻的上下沟通，可以起到振奋员工士气、提高工作效率的作用。

（3）员工对于本企业有着深刻的理解。他们往往能最先发现出现的问题及症结所在。有效的沟通机制使企业各阶层能分享他们的想法，并考虑付诸实施的可能性。这是企业创新的重要来源之一。

倾听是管理者与员工沟通的基础

说的功夫有一半在听上。一问一答之间就可以受益无穷。

过去数十年来的管理模式是训斥和交付命令，而现在最为有效的管理模式是"倾听"。管理者若能学会如何专注地倾听别人，就能提高别人赞同自己的影响力，使别人无怨无悔地接受自己的意见和建议。

管理者要听取下级的讲话。当下级和自己讲话时，应表现出很感兴趣地在听。不仅是表现出兴趣，而且实际也该很感兴趣。应该做到让上下级讲话时毫无拘束和顾虑。

倾听别人说话可说是管理者有效沟通的一个重要技巧。这个问题在前面略谈了一些，在此还想把它深入。做一个永远让人信赖的管理人，这是个最简单的方法。众所周知，最成功的管理者，通常也是最佳的倾听者。

"我认为不能听取部属的意见，是管理人员最大的疏忽。"

玫琳凯·艾施在《玫琳凯谈人的管理》一书中，曾对倾听的影响，作了如此的说明：

玫琳凯经营的企业能够迅速发展成为拥有二十万名美容顾问的化妆品公司，其成功秘诀之一，是她相当、相当地重视每一个人的价值，而且很清楚了解员工真正需要的不是金钱、地位，他们需要的是一位真正能"倾听"他们意见的管理者。因此，她严格要求自己，并且使所有的管理人员铭记这条金科玉律：倾听，是最优先的事，绝对不可轻视倾听的能力。现在，你应该了解到倾听技巧好坏，足以影响一家公司变得平凡或伟大的道理何在了吧！

确实，善于倾听的管理者能及时发现员工的好处，并创造条件让其积极性发挥作用。倾听本身也是一种鼓励方式，能提高对方的自信心和自尊心，加深彼此的感情，激发出对方的工作热情与负责精神。相反，只将倾听当成听见，势必会挫伤员工的积极性，甚至失去人才。

有人说：在人们所有的行为中，高明的倾听态度，最能够使人觉得受到重视及肯定自己的价值。

有许多顶尖的行销人员，他们几乎都不是滔滔不绝，具有舌似莲花口才的人，说服能力也好不到什么程度。然而，他们的业绩却高出那些表现平平的同事十倍、二十倍之多。你可知道，为什么有这么大的差别吗？

一位高级传销商，画龙点睛地说出了他的成功之道："有人问我为什么一直能保持佳绩，月收入七位数字？我仔细分析过原因，我觉得所有的传销商的企图心和能力都在伯仲之间。只是，我在每一次拜访的过程中，设法让准顾客说话的时间比我多出三四倍以上，在面对面沟通时，我通常都扮演一位忠实的听众，也许这就是我赢过别人的地方吧！"

我们经常从报纸、杂志以及各种调查报告中，看到不少千篇一律的报道：善于倾听的管理者通常能够获得较好、较高的职位，其升迁速度也比那些忽视倾听功夫培养的人快上许多。

事实正是如此，那些堪称杰出的成功人士们，十之八九，都是典型的"最好的听众"，他们在工作上都不断缔造过惊人的纪录，而他们事事顺利的成功，都归功于当初最好的听众。

请想想看，你是世界上最好的听众吗？

请铭记在心：成功的管理者都是真正贪图倾听他人价值的人。想想看，你是否承诺自己要做一位更好的听众？其实，要想增进倾听技巧，并不困难。以下十项简单易行的方法，希望有助于增强你真正的倾听能力和技巧。

（1）首先，你要表现出很喜欢、很希望、很愿意听对方所讲的内容。

（2）要有耐心，按捺住你表达自己的欲望，鼓励对方淋漓尽致表达出来。

（3）要很专注地听。不要被外在事物而分神，也不可因内在原因而分神。

（4）将对方的重点记录下来，不过要看对方的立场、身份而定。

（5）应该避免几个不良习惯：挑剔存疑的眼神、不屑一听的表情、坐立不安的模样、插嘴。

（6）要反复分析对方在说什么，想想看有无言外之意，或弦外之音。

（7）设法把听到的内容和自己牵连在一起，从中找到有益的观点、用途和建议。

（8）不妨在脑海中复述你要利用的讯息、观点，直到记清楚。

（9）多听少说。记住"饭可以多吃，话不可多说"的道理，但不妨适时发问。

（10）不可遽下断语。让对方把话全部说完，再下结论。

如果你遵循上述各项建议，并确实设身处地为对方着想，专心听别人说话，你就成功了一半。接下来，你要进一步学习另一项重要的技巧——如何说服，如此，你的沟通能力才可以更上一层楼。

克服以上这些障碍的途径之一就是发展双向沟通技术。所谓双向沟通技术，就是管理者不是单方面地给下级下命令，而是允许并鼓励下级提问题、提建议。如果信息接收人对别人给他的信息理解不清楚，他可以提问，甚至可以让信息发出人重说一遍或者做出进一步的解释。管理者应造成一种环境，让人无拘束地提问题、提要求。许多管理者习惯于发命令，但不习惯于让人家提问题、提要求，这种人被称为"单向"的沟通者。他们是发命令给别人，听不到别人的反应。所以管理者、特别是上级管理人员应该设法建立起一种好的听取别人意见的习惯。

（1）管理者要认真听取下级的讲话。

（2）管理者在听取下级讲话时，要设身处地地站在下级这方，要同情下级。

（3）管理者无论如何不要对下级人员发火。因为一发火，以后他就不会再向你陈述意见和提供反馈了。

（4）管理者在听取下级讲话时，也可以向下级提问题，鼓励他们回答问题，以进一步取得反馈。这样也向下级表示了你在很好地听取他们的意见。

（5）管理者应实行开门政策。即鼓励下级，不论何时有问题，都可以随时来找自己陈述。

彼此尊重，才能进一步与对方沟通

人与人的沟通问题上，若"我们的思想和行为能与他们的思想和行为彼此相似"这一点不能成立，那么其局限性是客观存在的。不是所有的人与人都可以达成良好的沟通。有些人，他们本来就不属于同一层次和类型，硬要实现之间的沟通，这是相当麻烦的事情，也是非常牵强附会的事情。这是为什么？就由于两个人之间没有共同语言，勉强对话，这种沟通也是强人所难的，不够自然和愉快的。

沟通难，这是大家不争的事实。沟通如果不难，那么历史上全世界也就不会争端、战事频发了。人，只可以在有限的人群范围内去争取一些沟通，而很难促成不同类型层次人群之间的沟通。因为受青睐被尊重，是沟通的前提。故此，期望在各种不同类型和层次的人群中都获得沟通是不现实的。

猫与老鼠，黄鼠狼与鸡，老鹰与蛇能够沟通吗？显然很难或者就不能，因它们是属于各自不同类型与层次的生命，很难找到共同语言。它们之间的思想和行为根本不能"彼此相似"。别说青睐、尊重对方，它们根本就是死对头、天敌。

显然我们只能有目标地去那些"思想和行为能与他们彼此相似"的群体中首先获得青睐与尊重，再去实现沟通。当然，一个人能够受到青睐，受到尊重，要进一步与对方沟通就容易了。

很多时候，当我们遇到沟通障碍的时候，往往会陷入烦恼和茫然无措之中，怀疑起人的善良、友爱和真情，乃至看破红尘，滋生出一些敌对他人的情绪。这是不足取的，也是一种错觉，因为你沟通失败的原因自己都不能明白，沟通的规律自己都不知，对"拉吉舍夫定律"也毫无了解，你怎么能够掌握沟通的起码技巧呢？又怎能理解沟通的局限性，明白沟通最好在"思想和行为能与他们彼此相似"的群体中去实现呢？

员工的思想往往是企业创新的源泉以及不断提高生产力水平的坚实后盾。让员工的建议和想法无障碍地交流并予以采纳，往往会使企业的竞争力在短时期内大幅度提高。

韦尔奇在一次业务经理会议上说："随着市场的开放以及区域性障碍的逐渐去除，全球化不再只是个目标，而是个不得不履行的策略. 单单只做到改革、组织扁平化、机械化及自上到下的评估方法这些 20 世纪 80 年代的改革模式，已跟不上 90 年代变化的脚步，要成为 90 年代的胜利者，必须营造一种文化，即让人们能够快速前进，更清楚地与别人沟通，以及让员工能够同心协力服务于多元需求的客户。"

这种文化的核心就是无界限、无阻碍沟通，无界限就是要清除各个部门，级别、地区之间的界限，直接与重要的供应商接触，使他们成为企业运营流程中的重要一环，从而打破沟通障碍，实现决策、思想与观点的畅通传递和自由流动。

尽管很多企业都明白这个道理，但在如何点燃员工的智慧火花这一点上，却总表现得平淡无奇。

在新的竞争时代，一个优秀的企业不应该支付由各种界限所导致的高额成本。如发生在营销与工程部门之间的，或在经理、正式工、小时工等不同员工之间的界限。此外，如果一个企业想变成一个真正的全球化公司，就不能容许地理上的界限阻碍沟通。

无界限、无阻碍沟通，不仅可以使组织内部的所有人自然地相互帮助，坦率地交谈，促进企业内部的沟通学习，还可以使企业拓宽眼界，从公司外部学习的主意和想法，从而更好地为客户服务。

无阻碍沟通的最终结果是实现阶段快速反应。以通用电气位于肯塔其州的家电公司为例，自从进行了无阻碍的沟通，公司迅速改善了生产流程，提高了速度，同时也提高了顾客反馈的速度与质量，削减了库存，公司从接受订单到发货本需 8 周，但有了无界限沟通后则缩短到了 3.5 周，平均库存减少了 35%。

任何限制思想和学习自由交流的界限，对企业来说，都是有百害而无一利的——缺乏纵向交流的上下级之间界限，降低了决策效率，同时也浪费了太多时间。而各业务单元之间存在的界限则会导致协同效应的消失，使每个业务部门不得不单枪匹马独自应对市场竞争。所以只有打破所有界限，推行无阻碍沟通，才能使企业彻底走出沟通的困扰。

沟通是一门艺术，需要讲求技巧。讲求技巧，事半功倍；不求技巧，事倍功半。

在有效的人际沟通中，沟通者互相讨论、启发，共同思考、探索，往往能迸发出创意的火花。

建立友好氛围。没有良好的交谈氛围，员工很可能不愿意同他人分享自己的想法和意见。

开放、真诚、坦率是沟通中的重要元素

在企业里，人际的沟通是无可避免的，沟通问题也同样无可避免，开放、真诚、坦率是人际关系中的重要元素，是促进沟通渠道畅通的有效保证。

约翰·奈斯比特说："未来竞争将是管理的竞争，竞争的焦点在于每个社会组织内部成员之间及其与外部组织的有效沟通之上。"

杰亨利法则是以发明人杰瑟夫·卢夫特和亨利·英格拉姆的名字命名。它的核心是坚信相互理解，能够提高知觉的精确性并促进沟通的效果。它从两个维度上划分了促进或阻碍人际沟通的个体倾向性：揭示和反馈。揭示是指个体在沟通中坦率公开自己的情感、经历和信息的程度；反馈指的是个体成功地从别人那里了解自己的程度。根据这两个维度可以划分出四个"窗口"——开放区、盲目区、隐藏区和未知区。"开放"窗口包括了你自己和别人都知道的信息；"盲目"窗口包括了那些别人很清楚而你自己却不知道的事情，这种情况是由于别人没有告诉你或由于你的自我防卫机制拒绝接受这些信息造成的；在"隐藏"窗口中的信息你自己知道而别人不知道；"未知"窗口是那些自己和别人都不知道的情感、经验和信息。

杰亨利法则基于这样的假设：当开放区的信息量增加时，人们之间会更好地相互理解。因此他们建议开放、真诚、坦率是沟通中的重要元素。要通过揭示和反馈来增加开放区的信息量，即通过提高自我揭示的水平和倾听来自他人的反馈这两种方式扩大开放区的面积，从中获益。

在与下属交谈的过程中，特别是提一些建议的时候，作为管理者，虽然是坐在那儿倾听，但是在很多的时候，他们并非会用心去倾听，他们的这种倾听只是在做做样子而已，缺乏一定的真诚，甚至想通过一些"谎言"去解决问题，获得下属的支持。

管理者在与下属是这种缺乏真诚，而带有一定敷衍性质的态度，是很难以达到所想要的结果的，因为你的下属并不是傻子，他能够感觉得到，当他们觉得你是在敷衍他的时候，他们便觉得自己受到了欺骗，没有得到应有的尊重，如此一来，他们必定会在执行你布置的任务时，在工作中敷衍。这对管理者的工作开展是有百害而无一利的，势必会使得企业在竞争激烈的市场环境中遭到淘汰。大量的事实都已经向我们证明，只有真诚地对待下属，才能取得很好的效果。

英国的著名企业维京集团是一家年营业收入高达数十亿美元的大企业。企业创始人兼董事长理查德·布兰森建立起一种"把你的点子大声说出来"的创意机制。这种机制包括：该公司所有员工都知道布兰森的电话，员工一有好的构想，就能通过各种渠道让他知晓。集团每年举办的一次"家宴"，为那些想要贡献创业点子、平时较不易碰到布兰森的员工制造了毛遂自荐的机会，"家宴"为期一周，参加人数多达 3500 人。集团旗下的每一个企业都有一套可以使员工的建议、点子上达的"渠道"。如财务服务机构，常务董事在当地一家餐厅常年预留 8 个空位子，任何员工认为自己的新点子够好，都可以申请和常务董事共进午餐，在用餐时商讨经营大计。另外，维京集团还有一个性质接近总部办公室的机构——"维京管理团队"，协助新事业的实际开发作业。在这一"创意机制"的激励下，维京员工的创造性和积极性得到了极大的调动，各类点子层出不穷，如维京新娘公司，维京日益壮大的国际互联网事业，都是员工向布兰森提出的建议。维京集团鼓励开放的氛围，鼓励相互之间自由地进行揭示、交流，这使企业受益匪浅。

为了能达到更好的沟通效果，就要求管理者在与下属沟通时做到以下几点：

1. 始终处在强势位置，咄咄逼人让员工难以把事情说清

作为管理者，他们之所以与下属沟通，最终的目的就是为了发现管理中所存在的问题，以便于采取有效的方式去解决。虽说在很多的时候，管理者也知道跟下属直接交流沟通的这一目的，但是他们在与下属进行沟通时，始终认为自己是管理者，而对方是自己的属下，处在强势的位置，不能与下属平等交流沟通，而在沟通的过程中咄咄逼人，让员工难以把事情说清，不仅仅让沟通难以取得应有的效用，反而会带来负面的影响。

2. 学会转换角度看问题

在现今竞争激烈的环境中，企业要想得到长足的发展，管理者就必须懂得如何调动下属的工作积极性，让他们积极主动地投入到工作之中。而这种老是觉得自己是对的，让下属按着自己的意图去做，只能让企业陷入到生存发展的困境之中。

所以，对一个杰出的企业管理者来说，就必须在与下属相处时，特别是在下属反映什么情况以及提什么建议时，学会从另一个角度去看问题。因为，即使作为一个管理者也不可能什么都懂，即使可以做到面面俱到也不可能样样在行。很多时候我们是有所欠缺的。

如果，管理者走出自我，学会用另一种角度去看待下属的建议，并以一种虚心的态度去与员工探讨的话。这样一来，员工会感到很有面子，他们一般都会"知无不言，言无不尽"的，为了继续保有面子，为了能再一次和你更好的沟通，他们会充分发挥自己的好学肯干的精神，努力在工作岗位上钻研，以求精通。

3.注意肢体语言

美国心理学家艾伯特·梅拉比安经研究认为：在人们沟通中所发送的全部信息中仅有7%是由语言来表达的，而93%的信息是用非言语来表达的。

因此，管理者在与下属沟通过程中，无论是在倾听还是述说都应当注意到自己的肢体语言，譬如用一个微笑、一个眼神、一个动作来表示引起员工对自己所说的话，或是对员工讲话的关注。这种肢体语言在很大程度上能够跨越言语沟通本身固有的一些障碍，提高沟通效率。

如果管理者经常使用这些无声语言，员工就会认为你对他的话很关注，他就乐于向你提供更多的信息。相反，当员工在滔滔不绝地向你汇报信息时，而你却心不在焉地边听边做其他无关的事，这样员工会认为你对他所说的一切都不在意，你不仅会漏掉很多重要信息，也会很难期望员工再为你尽其所能地卖命。

所以，一个成功的沟通者在强化沟通的同时，必须懂得非语言信息，而且尽可能地了解它的意义，磨炼非语言沟通的技巧，注意

"察言观色"，充分利用它来提高沟通效率。在具体运用当中，可以参考下面一些意见。

面对说话者。如果你在倾听时以侧面的姿势对员工，会让他们觉得你在反对他们的看法，并觉得厌烦。员工的反应便会冷淡下来。

不要只盯着对方的某一部位，眼神要与对方交集。有些管理者在和别人说话时，往往会盯着他头上的某一部位。这会让员工产生错误的看法，以为自己有什么不对的地方。但也不能只盯着他的眼睛。这会让他怀疑自己的陈述。最好是眼神不要停留在头部以外的其他地方，在五官处就好，要偶尔与他的眼神有所交集。

不要有过多的肢体动作。过多的肢体动作如不断地摩擦脖子或手臂、揉眼睛、拨头发、不断变换两腿交叉姿势等类似的动作，这些动作是你已经不耐烦的信号。员工会根据你所表现出来的兴趣或无奈，来决定是否进一步对该问题发表自己的观点、见解。而你则会有可能因此而失去某些好的建议。

此外，在倾听的过程中要注意对方的细节，包括声调、语气、节奏、面部表情和轻微动作等。管理者应给予对方合适的表情、动作和态度，并与所要传达的信息内容相配合，使沟通对象所潜在表现的需要得以实现。

（1）要想员工以什么样的态度对待自己，自己就应该用什么样的态度对待对方。

（2）不要对员工的意见敷衍了事。一些企业的管理者，在与下属沟通时，总会在有意无意间犯一个错误，那就是不能敞开心扉与下属交流沟通，有些敷衍。他们可能没有想到自己的这种敷衍，带来的是员工的敷衍。

谨慎地处理员工牢骚

任何企业，在它生存、发展、壮大的过程中，不可避免地会出现某些员工对管理者心生不满或有所抱怨的现象。作为一名管理者，在此种情况发生之时，若未能有效地加以解决，往往会使问题扩大化，最后演变为不可收拾的局面。

因此，管理者应当充分重视员工的抱怨，绝对不可对员工的不满和抱怨掉以轻心、漠然视之。实际上，正是抱怨和不满，才能使管理者意识到公司里可能还有其他人也在默默忍受着、抱怨着同样的问题。这种情况下，生产效率会受到严重影响。面对员工的抱怨，管理者必须谨慎地处理，不可置之不理，轻率应付。

"让员工把不满说出来。"这句话是由"世界第一 CEO"之称的前美国 CE 集团首席执行官赋予员维斯·韦尔奇说过的一句话。"让员工把不满说出来"，实际上是一种沟通。通过这种沟通，可以实现企业内部管理信息的"对流"。一方面，倾听员工发自内心的呼声、意见和建议，便于企业决策层、管理层撤销不合理的管理办法，制定出更加科学合理的制度，提高管理水平；另一方面，听到来自企业决策层、管理层的准确声音之后，员工的顾虑、猜疑和不解就会烟消云散，工作起来心情舒畅，把更多的精力投入到创新生产技术、提高工作效率上，增强企业竞争实力。

因此，对管理者来说，通过沟通，管理者可以了解企业存在的问题，员工可以了解公司的实际情况，从而推动企业的发展，否则将会给企业带来不良的影响。

其实，任何管理者，不可能把所有的工作都做得非常完美、滴水不漏，总有一些事情处理得不公平、不恰当，一些重大决策制订得不合理，一些管理工作做得不到位，使员工产生了不解或不满情绪。这时，如果管理者不能和员工进行有效的沟通，让员工把不满说出来并及时处理，就会使员工的不满和怨气越聚越多、越积越重，最终导致企业发生严重的管理危机。因此，"让员工把不满说出来"不失为一种很明智、很可取的化解员工矛盾的好方法。

当然，"让员工把不满说出来"说起来容易，做起来很难。这需要企业管理者态度诚恳，能够洗耳恭听员工的意见，甚至是批评的意见，而不是走走形式，或做做样子。奇异公司的管理者就是一个很好的典范。

"水可载舟，亦可覆舟"。员工就像水一样，如果管理者行为不端，员工民怨沸腾，管理者可就有翻船的危险了！因此，管理者一旦发现员工的不满就要积极倾听，及时处理。

大卫的办公室有一个特点，除了墙角有一个办公桌以外，其余的地方沿墙摆了一大圈沙发。大卫的解释是办公室代表了一种权威，坐在后面的人居于管理者和命令者的地位，这会对站在前面的人产生心理压力。大卫宁愿他的部下把他看作同事或是朋友，而不是老板。所以在倾听部属的抱怨时，他们总是坐在舒适的沙发上，在一种比较轻松的气氛中进行。

有一次，大卫到车间检查电线是否安全，正碰上车间主管对一名工人大声吼叫："我们公司怎能有你这样的人呢？照你这样干下去，你就等着走人吧！"大卫很是反感，本想当面制止他，后来一想，要给他一个活生生的教训，于是一言不发地走开了。过了几天，他把这个主管叫到办公室，问道："这几天你手下的工人看起来有些心不在焉，发生了什么事吗？"车间主管一听，愣住了："没有的事。"

大卫顺手拿出了这个星期的生产统计表，车间主管傻眼了，自己主管的车间产量竟排在最后，质量也是如此，他如坠云里雾中，说不出个所以然来。大卫不紧不慢地问他是否记得本周曾当着众人的面指责一位工人的事。车间主管想不出这和生产效率有什么关系。

大卫说："你没发现当时在场的人表情都很尴尬，而且惴惴不安吗？一旦有人想，下一个挨骂的人会不会是我，一种恐慌的气氛就形成了，每个人都觉得自身难保。如此一来，生产效率就会大打折扣。"

看着管理者低下了头，大卫语重心长地说："要知道，摩托罗拉一无所有，它所拥有的就是人的力量，作为车间的主管，你不仅不能在员工中制造恐怖气氛，反而要静下心来倾听员工的心事，解除他们的一切后顾之忧，这样他们才能全身心地投入工作。"

一般来讲，如果管理者具有较敏锐的直觉，在听取员工的牢骚或辩白时，往往就会对问题的所在一目了然。但即使如此，管理者也不能在员工刚开口时就泼冷水，也切不可在他尚未提出意见时就加以反驳。因为如此一来，只能使他们原来低落的情绪更加低落。对员工的抱怨，管理者必须认真对待，要把它当成一件大事来抓。

企业内部在处理员工抱怨的过程当中，管理者扮演了两个角色：协调者与咨询者。处理员工抱怨的步骤是，先求证员工的抱怨事实，再担任双方面的咨询者，提供解决的方案。

有时那些抱怨的员工天天带着新的问题到你的办公室里来，这种员工可以耗尽你的耐心，让你无法认真倾听。有时这些员工只是想争得你的注意。在这种情况下，如果他们得到了足够的重视，就会停止反映。如果这种反映还在继续，则表明其确实需要倾听且认真解决。

（1）了解反映的所有细节，做笔记，询问反映的每一个细节、时间、地点、环境、其他在场的人等。一定要保证你获得解决这一情况所需的全部信息。

但要注意，不要在这一步骤中评价员工的反映。通过专心倾听，你可以获得所有的细节，一定要做详细记录以备以后参考。这些记录对解决问题非常有好处。

（2）作出反应，说明你已了解了问题，比如重复每一个细节，在谈论问题的其他方面时对每一个细节都已掌握了。如果你发现员工根本不同意你的表述，要立即澄清事实。努力倾听员工的话，可以维持或强化他们的自尊心。

（3）坦诚表明你的立场，记住，该说的都说了，该做的都做了，解决问题的责任都落在了你的身上。专心听使你易于理解员工在事件中的立场。由于每一个事件都有两个立场。你只有考虑到事件对整个组织的影响后，才能够处理反映的问题。要很诚恳地说明你的立场，说明你是就事论事，要针对反映的问题本身和他的影响，不要针对员工的个性发表意见。这样，就可以做出一种客观的反应，有技巧的反应会维持员工的自尊心。

（4）要询问员工如何处理他反映的问题，一定要让员工参与解决，这样你会获得他的承诺。如果问题很复杂，你应坦诚说明你解决问题的意图，以及可选择的解决方案等让员工相信你不是在敷衍他。

（5）员工的抱怨将会提醒你的注意，对此应表示谢意，通过对员工表示谢意，说明员工对问题的看法向你提供了有价值的建议。员工知道你高度评价了他在解决问题时所付出的努力时，会在出现别的问题时更努力。通过强调小组工作的重要性进一步加强员工的自尊心。

（6）要有自我控制力，在面对员工的抱怨时，你需要有耐心和自我控制力，尤其是员工的抱怨牵涉到你，使你感到很尴尬时，更需要极大的耐心和自我控制能力。

掌握事实。即使你可能感觉到不迅速作出决定会有压力，你也要在对事实进行充分调查之后再对抱怨作出答复。要掌握事实——全部事实。要把事实了解透了，再做出决定。只有这样你才能做出完善的决定。小小的抱怨加上你匆忙的决定可能变成大的冲突。

管理者不能让员工的抱怨越积越多，一旦发现员工有不满情绪要及时了解情况，及时解决处理；否则不满情绪越积越多，就像充气的气球，到了一定程度就会爆炸。

（1）不要忽视员工的抱怨。不要认为如果你对出现的抱怨不加理睬，它就会自行消失。不要误以为如果你对员工奉承几句，他就会忘却不满，会过得快快乐乐。事情绝不可能如此简单，没有得到解决的不满将在员工心中不断发热，直至沸点，你忽视小问题，结果恶化成大问题。

（2）并非员工抱怨的所有问题都能得到圆满地解决。有些可能违背了公司的政策，甚至是一些错误的、不合情理的抱怨。但是，对于这些抱怨，你也不能漠然视之，你要认真地倾听他们的抱怨，然后再做表示。

（3）要认真倾听。认真倾听员工的抱怨，不仅表明你尊重员工，而且使你有可能发现究竟是什么激怒了他。例如，一个打字员可能抱怨他的打字机不好，而他真正抱怨的是档案员而不是打字机，是档案员老打搅他，使他经常出错。因此，要认真地听抱怨者说些什么，要听弦外之音。

第五章

识人用人恰到好处

——用对才能做得更好

管理者领导的对象是人，所有的工作任务也都要依靠人来完成，所以，管理成败的关键，就在于如何识人与用人。作为一个现代管理者，必须注重用人的问题。一个贤能的管理者，最主要的是善于用人，用人用得好，则能以他人的长处，归结为一己的长处，将多数人的力量，凝聚为一个团体的力量。

对下属有一个客观、公正的了解

在现实生活中，我们常常受到这种心理的影响。例如，我们在与某人交往，对方给我们留下的第一印象很好，我们就会觉得对方不错，会将对方的优点不断放大，而忽略对方存在的缺点。这就像是我们站在一个固定的角度去看一件事物，从我们所看到的去推断它的整体。这样，我们是难以真正地的认识、了解到那件事物，也就没有办法运用那件事物，将其价值最大化了。

作为管理者，在日常的工作中，不能有效地走出光环效应的怪圈，在选人用人的过程中，便难真正地做到对部属有一个客观、公平并全面的认识。如此一来，必定会给管理工作带来影响，让管理者难以真正的发现人才，导致很难发挥下属员工的特长，造成人不能尽其用。

　　事实上，自古至今，在管理上所出现的问题，最基本的原因在于管理者没能对属于自己团体中的人员有一个全面、客观的认识和了解。我们都知道：管理，简单地说，就是管人理事，事是人做出来的，归根结底还在于管人。

　　试想一下，管理者对自己的部属都不怎么了解，又怎能管理好他们呢？这就像是，我们知道电脑对我们的生活以及工作有着莫大的帮助，可是我们却不知道电脑到底能有什么样的性能，拿它到底能做些什么？又怎么能用它来方便我们的工作、生活呢？

　　要管好一个团体、一家企业，毫无疑问就要对身在其中的人有一个公正、客观的认知。而要做到这一点，首先要做的就是打破识人时的光环效应。

　　管理者只有从光环效应中走出来。才能全面、客观地认识和了解部属，才能发现需要的人才，并且运用好人才，促使自我的事业更为兴旺。纵观现今称雄于世界的各大企业，无论是微软，还是通用。它们之所以能够取得今日的辉煌，很大一部分的原因，就在于它们的管理者，在识人用人时，做到了全面、客观、公正，而不会受到光环效应的影响。其中，松下电器王国的缔造者，被誉为日本经营之神的松下幸之助就是个高手。

　　原松下电器的总经理山下俊彦，原来只是一名普通员工。一直关心和尊重下属的松下幸之助，发现了他的才能，并在一段时间的观察后，更进一步觉得山下俊彦有发展的潜力和特质，而且他并不以山下俊彦不是松下家族中的人，以及门户出身，而是力排众议，将年仅 39 岁的山下俊彦从一个名列第 25 名的董事直接提升为总经理。

松下幸之助的眼光确实不错，看人也很准。山下俊彦也没让他失望，在山下俊彦上任的第二年，他就把公司从守势状态转变为攻势状态，不仅领导松下电器渡过了难关，并且领着松下电器朝前更进了一步。

这不仅体现出了山下俊彦卓越的经营管理能力，同样也让我们看到了松下幸之助杰出的识人用人能力。如果，松下幸之助没能走出光环效应的影响，他又怎么会去注意一名既不属于自己家族，又仅仅只是一名普通职员的山下俊彦呢？就更不会将山下俊彦破格提拔为总经理啦！

诚然，对任何一个团体来说，要有所发展，管理者在招募以及对待下属时，必须从光环效应中走出来，做到全面识才用才。

（1）走出自我，不要以自我的好恶作为评价人才的标准。管理者若以自我为中心，把自己的心态投射到别人身上，认为自己喜欢的别人也喜欢，自己讨厌的别人也讨厌，认为自己的看法就是别人的看法，那就大错特错了。

一些管理者在识别人才、选拔人才时不由自主地倾向于那些和自己类似的人。性格耿直的管理者常选拔性格耿直的人；性格内向、作风沉稳的管理者却认为性格内向、作风沉稳的人最能干、最值得信赖。长此下去，管理层的年龄结构、知识结构、气质结构、专业结构会很不合理，直接影响管理效能的提升。

（2）不要用固有的思维、观念，对下属做猜测性判断。在很多的时候，我们会受到早就存在，并被人接受以及认可的看法以及观点。这种看法和观点对管理者评定下属是不是人才，以及安排相应的工作影响较大。对任何一个管理者来说，如果不能够消除脑海中的这种固有的思维和观念，带着这样的成见去看下属，往往会使得人才跟自己擦肩而过，将一些人放在不合适的位置。

（3）把人才放在实际的工作中去检验。无论管理者有多么睿智，要对所属团体的人有一个全面的认识，最好的办法就是让他们去做一些实际的工作，让他们在工作中将自我的品性以及能力的优缺点自然而然地表现出来。这就像是，日常生活中，我们在使用某一机器时，仅仅看产品介绍和说明书，不去实际使用，是很难真正的知晓其功能以及如何安全、科学的运用一般。

因此，管理者在挑选下属，给下属安排相应的工作任务时，必须对下属有一个客观、公正的了解，千万不要以自我的思维和意识对他们做推测性的判断。

为力求上进的员工提供发展的机会

在当今社会尤其是在这个充满竞争的时代，人才更显得珍贵。

能否拥有一些真正的人才，成为一个企业能否走向成功的关键所在。因为企业的竞争归根结底是人才的竞争，设备需要人才去操作，产品需要人才去开发，市场需要人才去开拓，人才意味着高效率、高效益，意味着企业的兴旺发达。

瑞安集团董事长罗康瑞说过，"一家企业最重要的资产就是人才。从我父亲给我 10 万元创业，到今天公司这个规模，主要就是靠我不断地引进和培训人才，为员工提供一个能发挥所长、与公司共同成长的环境。人力资源是我们最重要的资产，我们要吸引、发展和维护具有卓越才能的员工，为力求上进的员工提供发展的机会"。

企业的人力资产，尽管没有在资产负债表上显示出来，但他们是同公司的其他资产（如技术、资金、原材料等）同样重要的财富。在其他资源相同的情况下，正是因为拥有独具创造性和主动精神的管理人员，以及勤奋向上的员工，才促成了企业的成功。

由此可见，管理者要使得自己的工作见成效，就不能忽略此点。

亨利·福特一世在很早就提出"要使汽车大众化"的宏伟目标。但是，靠他自己一个人是不可能实现这样的决策的。亨利·福特一世曾两次创办汽车公司，结果均遭失败。

几年后，他第三次创办汽车公司，聘请了管理专家詹姆斯·库兹恩斯出任经理。库兹恩斯通过深入细致的市场调查，提出了福特汽车要走大众化的道路，并且为福特公司设计了第一条汽车装配流水线，把劳动生产率提高了 80 倍。

可是福特被冠以"汽车大王"称号以后，他却被胜利冲昏了头脑，变得自以为是、独断专行。他排斥不同的意见，并宣称"要清扫掉挡道的老鼠"。为此，他先后清除了一批为公司作出过重要贡献的关键人物，包括被称为"世界推销冠军"的霍金斯，有"技术三魔"美称的詹姆，"机床专家"摩尔根，传送带组装的创始人克郎和艾夫利，"生产专家"努森，"法律智囊"拉索，还有公司的司库兼副总裁克林根、史密斯等。

在随后的时间里，福特公司慢慢地走向了衰落，到福特二世接手时，公司每月亏损达 900 多万美元——这就是不能接纳人才的后果。

福特二世接管公司之后，不惜高价，聘请了号称"神童""蓝血十杰"的"桑顿小组"，福特二世甚至不惜答应给他股票特权以求从通用汽车公司挖走布里奇。而且，布里奇又给福特公司带来了通用汽车公司的几名高级管理人员威廉·戈塞特、路易斯·克鲁索、D.S. 哈德和哈罗德·扬格伦等人才。

这些人对公司进行了一系列改革，使公司重新焕发了生机，利润连年上升，并推出了一种外形美观、价格合理、操作方便、适用广泛的"野马"轿车，创下了福特新车首年销售量的最高纪录，把"福特王国"又一次推向了事业的高峰。

然而，后来的福特二世也走上了他父亲的老路，他不仅专断拒谏，甚至嫉贤妒能，布里奇、麦克纳马拉等人被迫离开了福特公司。他又以突然袭击的手段连连解雇了艾柯卡等 3 位经理，最终整个公司人心浮动，人才外流，福特公司再次陷入困境。

人才是一个团体是否优秀的根本，因此作为一名管理者，只有善于引进人才，知人善任，只有把人才当作最重要、最稀缺、最宝贵的资源去对待，就像是乔布斯法则所说的一样：把网罗一流的人才当作是第一己任，才能使团队得以良性循环发展。那么怎样才能有效地网罗到优秀的人才呢？

这就要求管理者不要将重视人才只挂在嘴上，而是要拿出实际的行动，最好是参与到实际的人才招聘工作之中。久负盛名的沃顿商学院负责职业开发的安德鲁·亚当斯说："公司不能只是在口头上说引进人才多么重要，却又不采取实际行动。公司的高级主管应当参与人才招聘活动。"

（1）能在招聘会上引起许多人的关注，当然也能吸引更多的应聘者。如此，选择余地大大增加，有利于选到更优秀的人才。一些高级管理人员说，他们的招聘程序不同于专职的招聘人员。

负责人事关系的部门总是在寻找能填补某些职位空缺的人员，而老板和高级管理人员则不同，他们总是先搜罗人才，然后为他们安排合适的岗位。

（2）提高招聘效率。管理者亲临招聘现场，与求职者面对面地直接交谈，能从心理素质、外语水平、专业知识等方面对他们进行全面系统的考核。这不仅避免了过去招聘过程中的某些失误，同时也简化了筛选过程，节省了人力物力，特别是节省了宝贵的时间。

（3）使员工感到亲和力。管理者亲自参加人才招聘，等于向求职者发出了这样的信息：一旦加盟本公司，就更容易接触到公司高层管理人员。如果求职者在被招聘以前就有机会和高层管理人员交谈，那么他们就会认为，当自己成为公司职员后，更容易受到关注。

高级管理人员往往能更有效地向人才介绍本公司的远景目标。而对于新成立的富有活力的公司来说，其创建者通常在挑选职员时十分仔细，亲临招聘现场，则可使求职者以最快速度了解与适应公司的文化氛围和环境。

任用时痛痛快快，疑人时明明白白

用人不疑，疑人不用，这是中国传统的信任方式，用在企业管理上那就是要放手让下属去大胆尝试，不要什么都管。无独有偶，美国通用电气 CEO 韦尔奇的经营最高原则是："管理得少"就是"管理得好"。这是管理的辩证法也是管理的一种最理想境界，更是一种依托企业谋略、企业文化而建立的经营管理平台。

"用人不疑，疑人不用"，是古人留给后人的一句良言。然而话说回来，用人者又有多少完全不疑的呢？可以说，很少有人能真正放心地把事关自己前途的重要工作交与其他人去做。

实际上，"用人不疑"仔细分析起来应该是包含两方面的内容：

第一是真的知人而不疑，由于太了解一个人了，所以不必怀疑；第二是以不疑的态度或表现去对待下属。事实上，任何一位管理者，在用人的过程中，很少能够做到真正的不疑，他们始终都是在观察手下的人才，时刻抱一份警惕之心，一旦发现员工有不轨行为或动向，立即先发制人。但用人不疑还是有它的用武之地的，它可以显示出管理者对下属的信任，从而提高其工作的热情。因此，管理者在这个问题上，尽量朝着不疑人的方向努力，让对方知道你不听信谗言，不乱生怀疑，让他本人和周围的人觉得你"用人不疑"就可以了。

现代企业管理中，管理者用人也是同样的道理。作为管理者，用人不疑是你凝聚人心，增进上下关系的一大法宝。只有用人不疑，给予下属充分的肯定，才能赢得他们忠贞不渝地为公司尽心效力。整个公司才会一片生机盎然，关系融洽，才能在同行业中抢占先机，脱颖而出。

冯异是刘秀手下的一员大将，他不仅英勇善战，而且忠心耿耿，品德高尚。当刘秀转战河北时，屡遭困厄。一次行军在饶阳德伦河一带，弹尽粮绝，饥寒交迫，是冯异送上仅有的豆粥麦饭，才使刘秀摆脱困境；还是他首先建议刘秀称帝的。后来，各将领每每相聚各自夸耀功劳时，他总是一人独避大树之下。因此，人们称他为"大树将军"。

冯异长期转战于河北、关中，深得民心，成为刘秀政权的西北屏障。这自然引起了同僚的嫉妒，一个名叫宋嵩的使臣先后四次上书诋毁冯异，说他控制关中，擅杀官吏，威权至重，万民归心，当地百姓都称他为"咸阳王"，且有反叛的迹象。

冯异对自己久握兵权，远离朝廷，也不大自安，恐被刘秀猜忌，于是一再上书，请求回到洛阳。刘秀对冯异虽然也不大放心，可西北地区却又实在少不了冯异这样一个人，也就只能暂时维持现状。

一次，冯异率军征讨外虏，领军几十万所向披靡，声名远扬，震动朝野内外。得胜回朝后，刘秀召见众将，对军功显赫的将领都一一进行加官晋爵、赐田封赏，唯独对大将军无封无赏。满朝文武百官无不迷惑，对此事议论纷纷。

刘秀对这些议论并不理睬，等了几天即下召命让冯异率众将仍回西水驻守。一路上，冯异心中思绪如麻，翻江倒海，不知皇上心中何意，心想：如果皇上不信自己，嫌自己军权太重，那么我已必死无疑了！可是他却又派自己回西北驻守统领重军，说明还是相信自己的嘛！但是，自己手下众将都有封赏，而对自己却提都不提，这让我以后如何管理众将呢？……我乃朝廷第一大将，与皇上是患难之交，生死兄弟，执掌重兵，他刘家江山有一半是我打的，皇上的命还是我救的呢，没有我冯异，有他刘秀的今天吗？像我这样的功臣估计皇上轻易也不敢动。

冯异刚回到西北军中大帐，皇上派的使者竟随后又赶到了，冯异纳闷：刚从京师回来，有多少事说不了，还有什么事呢？使者交给冯异一只盒子，众将不解，都不知道装的什么东西。冯异打开一看，全是信件，再一阅读内容，全是冯异在率兵出征期间，朝廷内宋嵩等臣写给皇帝的奏章，说冯异拥兵自重，控制关中，乱杀权重，企图造反。直看得冯异汗流浃背、长吁短叹。

冯异心想，皇上没有听信别人的话，不但没杀我，又把这些信交给我，继续让我统兵，看来还是信任我的，还有什么比皇上的信任更高的赏赐呢！以后得好好干呀。于是，冯异连忙上书自陈忠心。刘秀回书道："将军之于我，从公义上讲是君臣，从私患上讲如父子兄弟，我还会对你猜忌吗？你又何必担心呢？"

刘秀真是驭人有术、手腕高明。他的这种处理方式，既可解释为对冯异深信不疑，又能暗示朝廷早有准备，既是拉拢又是震慑，一箭双雕。

事实上，刘秀当时也在心里猜测，冯异到底是不是反叛呢？但刘秀的高明之处就在于，他能够静下心来，表现出对冯异十二分的信任，在事情没有搞清楚之前，永远对部下抱有诚意。何况，刘秀深知，当时的情况下，即使冯异真的反了，自己不但拿他没办法，而且还可能有亡国的危险。与其这样，还不如让冯异觉得自己信任他，或许事情就不会那么糟了。后来的结果表明，刘秀的决定是正确的。

当然，"表面上"的用人不疑需要运用一套隐蔽的监督手段，这样才会在员工充分感到你的信任、热情百倍地去工作的同时又不敢轻举妄动。

作为管理者，若好疑忌，不肯定下属，那么就会挫伤下属工作的热情，给公司带来严重的后果。想必大家都有过这样的感受，当你的领导怀疑你的能力或人品时，你一定会火冒三丈，要找他理论一番，若不如所愿，就会士气大减，没有了工作积极性。因此，身为领导，一定要引以为戒，把"疑人不用，用人不疑"铭记在心，给自己的下属以充分的尊重和肯定。

（1）洞察秋毫，慎重选择人才。唯有独具慧眼，多加考察，充分了解下属各方面的素质能力，安排到适合的职位上去，才能成为你日后用人不疑的保障。

（2）难得糊涂。不要过多干涉下属的工作，让其独当一面。

（3）设立监督机制与赏罚办法。以此督促下属谨慎行事。用人者与被用者如何避免在相互猜度中艰难度日，甩开膀子干成一番事业呢？理智的做法是将这类敏感问题交由专门机制去解决。用人与监督各负其责。

掌握人才之中的互补定律

每个管理者在用人的时候，都应该考虑到人事调配的问题。所谓的"人事调配"，就是使大家步调一致，同心协力地把工作做好。

人事调配并不是简单的事。由于每个人都重视自己的意见和观点，相互排斥的现象时时都会发生。人际关系如果无法密切配合，公司的政策就很难贯彻。这点，在人事调配的时候，应该首先列入考虑的要素中，万一彼此有了摩擦，应该互相容忍，相互协调。

拿破仑曾经说过这样一句话："狮子率领的兔子军远比兔子率领的狮子军作战能力强。"这句话一方面说明了主帅的重要性，另一方面还说明这样一个道理：智慧和能力相同或相近的人不能扎堆。

由此可以认识到，管理者用人，不光要考虑其才能，更要注意人员的编组和配合。比如，一个部门有三个经理，他们平级而无主从，此时，最好的安排是：一个富有判断力，一个具有协调的本事，另一个擅长行政事务，在这种人力资源状况下可组成一个有头脑、善协调、有生气的管理集体。如果三个人都擅长决断，意见相左时，势必各行其是，谁也不听谁的；如果三个人都具有行政能力，遇事就难有人出来拍板，而陷于琐碎事物中；如果三个人都只有协调能力，既无人决策，也没人做实际工作，那也干不成事情。

丹麦天文学家第谷有着杰出的观察才能，经过日积月累，他得到了大量天文观察资料。尽管如此，他的学说仍然没有摆脱托勒密地心说的束缚。1600 年，第谷请了一位助手，德国天文学家开普勒。开普勒虽然观察能力不及第谷，但他的理论分析和数学计算才能却非常突出。他们两人合作不久，第谷就去世了。在第谷丰富的观察资料的基础上，开普勒进行了大量的理论分析和研究，大胆地提出了火星轨道为椭圆形的开普勒第一定律，接着又提出了第二定律（行星与太阳的连线在相等的时间内扫过相等的面积）和第三定律（行星公转周期的平方等于它与太阳距离的平方）。开普勒行星运行三大定律的发现，有力地证明了它是第谷观察才能与开普勒理论、计算才能互补效应的结晶。

无论在哪一个人才结构里，人才因素之间都存在着个性差异，每个因素的气质、性格都各有不同。例如，有的脾气急，有的脾气缓；有的做事细致、耐心；有的办事麻利、迅速。这些不同的个性特征，都可以从不同角度对工作产生积极作用。如果每个人才因素都是一种性格、一种气质，工作反而难以做好。例如，全是急性子的人在一起，就容易发生争吵、纠纷。这和物理学上的"同性相斥"现象极为相似。个性互补，有利于把工作做好，中国女排的崛起就是个鲜明的例子。原女排教练袁伟民是这样总结的："一个队十几个队员应该有各自的个性，这个队打起比赛来才有声有色。如果把他们的棱角都磨光了，那这个队也就没有希望了。"这话讲得非常有道理。一般而论，人才都有着鲜明的个性特性，如果抹杀了他们的个性特征，就等于抹杀了人才，只有把他们组织在一个具有互补作用的人才结构中，才能充分发挥他们的作用。

另一方面，还要注意其中的年龄互补。老年人、中年人、青年人各有各的特长和短处，这不管从人的生理特点还是从成才有利因素来讲，大都如此。因此，一个科学的人才结构，需要有一个比较合理的人才年龄结构，从而使得这个人才结构保持创造性活力。明朝开国皇帝朱元璋取得政权后的用人方针就是"老少参用"。他是这样认为的："十年之后，老者休致，而少者已熟于事。如此则人才不乏，而官吏使得人。"朱元璋的这一用人方针是从执政人才的连续性、后继有人出发的。其实，它还有更高一层的理论意义，老少互补对做好工作，包括开拓思路、处事稳妥、提高效率等都意义深远。

性别互补也非常重要。物理学上有条规则："同性相斥，异性相吸。"男女都需异性朋友。人们只要与异性一起做事，彼此就格外起劲，也就是人们常说的"男女搭配，干活不累"。这种情形并非恋爱的情感，或者寻觅结婚对象，而是在同一办公室中，如果掺杂异性在内，彼此性情在不知不觉中就会调和许多。以前的公司内，有些部门专是男性负责，有些部门全是女性，并非故意如此安排，实则是因工作上的需要，不得不如此。在纯男性或纯女性部门中，经常有人发牢骚，情绪非常不平稳。于是有人建议安置一些异性进去，结果情况大为改观，他们不再那么愤世嫉俗，而且工作情趣陡升，工作绩效也大为提高。

现在越来越多的人都认识到，办公室内若有异性存在，就可松弛神经，调节情绪。男女混合编制，不但能提高工作效率，也可成为人际关系的润滑剂，产生缓和冲突的弹性作用。但是，男女混合编制要掌握一定的平衡规则。在众多男性中只掺杂一位女性，或者许多女性中只有一位男性，这样做也是不妥的。有效的男女编制至少要有20％以上的异性，同时也都希望彼此年龄能够相仿，因为彼此年龄悬殊，可能会形成代沟，也不会合得来。现代的年轻人，多半认为男女交往是一件正当的事，对自己的行为也大多能负责，所以你无须过分担心。

工作上不可能实行男女混合编制时，应经常举办康乐活动或男女交谊团体活动，增加男女交往机会。公司方面也不妨鼓励员工多参加公司以外的活动，总的说来，对公司是裨益良多的。

平衡互补的用人之道在现代企业管理中，地位越来越重要。规模越大，越需要在其人才结构中体现这一原则。

让员工团结，是对用人者的一个基本要求。有些管理者安排人事时总要故意树立对立面，其出发点是怕员工组织形成铁板一块，从而失去控制，这种"组阁"办法造成决策机构内耗和员工之间的"同床异梦"。这种"权术"万万不可用于企业，企业需要管理班子团结一致，同心同德。团结就是力量。如果一个企业出现多头马车而无所适从的情形，就应立即实施"手术"。以减少内耗。当然，人员调配不是一件容易的事，由于每个人都重视自己的意见和观点，相互排斥和相互对立的现象时时都会发生，而解决对立使公司高效率运转的最有效的办法，就是在事前进行合理调配，别让能人扎堆。

国外的研究认为，一个经理班子中，应有一个直觉型的人作为天才军师，有一个思考型的人设计和监督管理规程，有一个情感型的人提供联络和培养职员的责任感，并且最好还有一名冲动型的人实施某些短期的任务。这种互补律得到的标准和结果是整体大于部分之和，从而实现人才群体的最优化，用人的时候不能不认识到这一点。

事实也反复证明了人才结构中的这种互补律在人们的实际生活中可以产生十分巨大的互补效应。

（1）用人过程中，熟悉掌握人才之中的互补定律是十分必要的。在一个人才结构中，各人才之间最好有一种相互补充的作用，包括才能互补、知识互补、性格互补等，形成这样的结构，有利于提高整个人才结构的效能。

（2）随着现代科学技术的发展，很多研究、攻关项目是需要体现多变互补原则的，这里既有知识互补，又需要能力、年龄等方面的互补。这样的人才结构，在科学上常需"通才"管理，使各个人才各得其位，各展其能，从而和谐地组织在一个"大型乐队"之中。

（3）企业在用人时，如果让两个或两个以上性格、学识相仿的人合作，看似能够和平共处，顺利完成任务，实际上除了把他们的缺陷加深、障碍增多外，最大的好处，也不过是将其仅有的优点扩大罢了。对企业来说，这些优点是不足以应付全部外来困难的。

善用比我们自己更优秀的人

用一流的人才才能造就一流的公司，要想使公司充满生机活力，必须选贤任能，雇请一流人才。

奥格尔维定律是由广告业的创始人奥格尔维在公司的一次董事

会议上提出来的。

据说，他在那次董事会上，发给每位参加会议的董事一个玩具娃娃，并说："大家都打开看看吧，那就是你们自己！"

于是，他们一一把娃娃打开来看，结果出现的是：大娃娃里有个中娃娃，中娃娃里有个小娃娃。他们继续打开，里面的娃娃一个比一个小。最后，当他们打开最里面的玩具娃娃时，看到了一张奥格尔维题了字的小纸条。纸条上写的是："如果你经常雇用比你弱小的人，将来我们就会变成矮人国，变成一家侏儒公司。相反，如果你每次都雇用比你高大的人，日后我们必定成为一家巨人公司。"前一句话与从大娃娃到中娃娃再到小娃娃的次序吻合，后一句话与小娃娃到中娃娃再到大娃娃的次序吻合，这些聪明的董事一看就明白了。这件事给每位董事留下很深的印象，在以后的岁月里，他们都尽力任用有专长的人才。

这就是奥格尔维定律的由来，它强调的是人才的重要性。并且告诉了我们，一个好的公司固然是因为它有好的产品，有好的硬件设施，有雄厚的财力作为支撑，但最重要的还是要有优秀的人才。光有财、物，并不能带来任何新的变化，只有具有大批的优秀人才才是最重要、最根本的。

可惜的是，在现实中有一些身处在管理者位置的人，他们不仅不能做到将优秀的人才笼络到自己的身边，反而不敢聘用比自己优秀的人。像这样的管理者不能算是一个合格的管理者。作为管理者必须明白的是，管理的最终目的是使得团体内部的秩序变得更为和谐有序，不断地朝更好的方向发展。因此，作为管理者应当把发现和运用优秀的人才，当作是自我管理工作的一个重要组成部分。因为，不敢用优秀的人才、害怕比自己优秀的人才，其实就是在拒绝自我团体的成长。

"一位知道选用比他本人能力更强的人来为他工作的人安息在这里。"这是刻在美国的钢铁大王卡内基的墓碑上的一段话。卡内基之所以成为钢铁大王，并非由于他本人有什么了不起的能力，而是因为他敢用比自己强的人，并能看到并发挥他们的长处。

齐瓦勃本来只是卡内基钢铁公司下属布拉德钢铁厂的一位工程师，卡内基在知道了齐瓦勃有超人的工作热情和杰出的管理才能后，马上提拔他当上了布拉德钢铁厂的厂长。正因为有了齐瓦勃管理下的这个工厂，卡内基才敢说："什么时候我想占领市场，市场就是我的。因为我能造出又便宜又好的钢材。"几年后，表现出众的齐瓦勃又被卡内基任命为钢铁公司的董事长，成了卡内基钢铁公司的灵魂人物。

齐瓦勃担任董事长的第七年，当时控制着美国铁路命脉的大财阀摩根，提出与卡内基联合经营钢铁。一天，卡内基递给齐瓦勃一份清单说："按上面的条件，你去与摩根谈联合的事宜。"齐瓦勃接过来看了看，对卡内基说："你有最后的决定权，但我想告诉你，按这些条件去谈，摩根肯定乐于接受，但你将损失一大笔钱。看来你对这件事没有我调查得详细。"经过分析，卡内基承认自己过高地估计了摩根，于是全权委托齐瓦勃与摩根谈判，终于取得了对卡内基有绝对优势的联合条件。

卡内基曾说过："把我的厂房、机器、资金全部拿走，只要留下我的人，4 年以后又是一个钢铁大王。"靠什么，靠用人！到 20 世纪初，卡内基钢铁公司已成为世界上最大的钢铁企业。它拥有 2 万多名员工以及世界上最先进的设备，它的年产量超过了英国全国的钢铁产量，它的年收益额达 4000 万美元。卡内基是公司的最大股东，但他并不担任董事长、总经理之类的职务。他的成功在很大程度上取决于他任用了一批懂技术、懂管理的人才。

管理的最终目的是什么？这是每一位管理者必须清楚认识和牢记在心的。这是要成为一名优秀管理者，很好地开展工作的根本，也只有如此，才能发现和运用人才。奥格尔维定律再一次告诉了我们人才的重要性，并且要善用比自己优秀的人才。

（1）尽可能地利用猎头公司。行业内的精英大都被猎头公司关注。

（2）优秀应聘者可能会被原雇主高价挽留。这时可告诫"优秀应聘者"，挽留是暂时的，是因为原雇主只是一时间找不到更合适的人选。

（3）要求优秀应聘者写商业计划书或者企划书，以便了解他们对未来的想法。

（4）董事长或总经理要亲自与优秀的应聘者"盘道（如双方对行业的认识）"，以进一步了解他们对行业的认识水平。

第六章

激励手段恰到好处

——调动员工的积极性

管理者能否掌握和运用有效的激励方法则是管理工作成败的关键。激励可谓是管理的核心，一个优秀的管理者，必须具备推动事业发展、带领下属前进的激励能力。管理者应学会用艺术的方法来激发下属的工作潜能，提高其工作积极性、主动性和创造性，让平凡的人干出不平凡的事。同时，要想达到良好的激励效果，建立一套行之有效的激励系统是必备的。

激发员工的干劲和潜力

企业最重要的资产是人，而不是设备、厂房。企业最终的竞争力来自员工，所以，"以人为本"，把所有员工都调动起来是管理者的最大职责。管理者正确恰当地对员工进行激励，才能保证企业在经营中不断创新、不断提升竞争力，在残酷的竞争中后来居上，从优秀走向卓越。

激励是指通过了解人的需要，激发人的内在动机，使其朝着所期望的目标前进的心理活动过程，亦即激发、调动人的积极性的过程。管理工作是一门艺术，激励则是管理艺术的核心。

对于个人来讲，人员流动有助于激发人的干劲和潜力。一个人老是局限在一个单位，难免闭目塞听，思想僵化，盲目自满，长期停留在一个水平上。流动则会逼人开创新局面，做出新的成绩。对于群体来说，人员流动有助于激发群体成员的活力和竞争意识，从而提高工作效率。

一家公司如果人员长期固定不变，就会缺乏新鲜感和活力，容易养成惰性，缺乏竞争力。因此作为管理者就必须让企业内部变得活跃起来，怎么去做呢？无论是从外部引进优秀的人才，还是采取别的方式和策略，管理者所要做的就是在团队内部引入竞争，为团队成员设立竞争的对象。当他们知道竞争对象的存在时，就会激发起他们强烈的竞争欲望，从而发挥出自己的潜能。

1. 推行绩效管理，让员工紧张起来

一个企业动力机制的有效性，关键在于员工的薪酬、晋升和淘汰机制的建立与绩效管理系统挂钩的紧密程度。

通过每一层级的主管与下属关于绩效目标设定和绩效考核结果的沟通和确认，提高管理沟通的质量，让员工对需要完成工作目标做出承诺，并主动付出努力。绩效管理过程是主管不断帮助下属明晰其工作，辅导下属完成工作达到目标的过程，作为主管必须明确要达到的结果和需要的具体管理行为，因此，绩效考核在主管考核下属的同时，也是在考核主管本身，不仅让下属动起来，也让各级主管行动起来；推行考核本身就是企业希望改变现状，通过改革谋求发展的风向标，员工很快就能认识到一切的改变正在发生，从而产生紧迫感；通过考核，在工作要求和个人能力、兴趣和工作重点之间发展最佳的契合点。同时，增强管理人员、团队和个人在实现

持续进步方面的共同责任，牵引员工的成长。

2. 在组织中构建竞争型团队，通过对企业资源的内部争夺制造"鲶鱼队伍"

一家发展迅速的小型软件公司的创业者说："公司要得到发展，就必须保证没有人在这里感到安闲舒适。"公司支持所有的团队互相竞争内部资源和外部市场资源，通过设置内部群体之间的有序竞争，激发了员工在外部市场中面对的经费压力、人力资源压力、发展压力。其结果是使得公司的员工始终处于战斗状态。

3. 寻找组织中的潜在明星并加以重用

在用人方面，只要在组织中找到并提升能干的人才，谁都会紧张，有了压力，自然会拼搏进取，由此一来整个团队就会生机勃勃。那么什么样的员工具有这种潜在明星的条件呢？

首先，要具有饱满的工作热情和强烈的欲望，通常，只要赋予其挑战性的任务和更大的责任，就能完成更好的业绩，并表现出超过其现在所负担任务的工作能力。

其次，雄心壮志，不满现状；能带动别人完成任务，敢于做出决定，并勇于担负责任；善于解决问题，比别人进步更快。

引入竞争机制，提升员工的斗志

　　人都会有惰性，假如一个人总是处在轻松安逸的环境之中，就会慢慢滋生出安逸享受之心，不肯埋头苦干、追求上进了。实际上，没有人喜欢平庸，尤其对于那些年纪轻、干劲足的员工来说，富有挑战性的工作和成功的满足感，比实际拿多少薪水更有激励作用。因此，企业的管理者，应该为企业制订挑战性的计划，给员工制造有竞争性的环境，以此来激发员工的斗志，改变工作效率低下的局面。

　　实验表明，竞争可以增加50%或更大的创造力。人人都有一种不甘落后、以落后为耻的心理，而竞争恰恰可以使人们在成绩上拉开距离，从而激励员工的上进心，激发他们的创造性思维。让人活在一个与世无争的环境之中，没有压力，人的潜力很大程度上处于被压抑状态，若一家公司如此，则公司就会没有活力，员工也就没有了斗志。

　　每一个人都有自尊心和自信心，其潜在心理都是"站在比别人更优越的地位上"或"自己被当成重要的人物"，从心理学上来说，这种潜在心理就是自我优越的欲望。管理者可以利用这种心理，并设立一个竞争的对象，让对方知道竞争的存在，就一定能激发一个人的干劲。

　　有时，竞争对象是不容易找到的，这时，你可以"设立"一个

"竞争对象"。对于工作没有激情，效率低下的员工，你只要告诉他："你和 A 先生两人，成功是指日可待的。"就等于暗示了他竞争对手的存在。

让员工都有竞争的意识并能投入竞争之中，企业的活力将永不衰竭。

人都有争强好胜的心理。在企业内部建立良性的竞争机制，是一种积极的、健康的、向上的引导和激励。管理者摆一个擂台，让下属分别上台较量，能充分调动员工的主动性和创造性，全面提高组织活力。

竞争是大自然的法则，也是现代组织管理的一条原则。组织内部有了一定的竞争气氛，能快速有效地激发员工的士气，在很大程度上提升员工的创造力和进取精神。

竞争的形式多种多样，例如，进行各种竞赛，如销售竞赛、服务竞赛、技术竞赛等；公开招投标；进行各种职位竞选；用几组人员研究相同的课题，看谁的解决方式最好等等。还有一些"隐形"的竞争，如定期公布员工工作成绩，定期评选先进分子等。你可以根据本企业的具体情况，不断推出新的竞争方法。

无论采取什么形式，要想把竞争机制真正在组织中建立起来，都必须先解决下面三个问题，也就是建立竞争机制的三个关键点：

1. 诱发员工的"逞能"欲望

员工总是具有一定能力的，其中有些人愿意并且希望能够一试身手，展现自己的才能；而有的员工则由于种种原因，表现出一种"怀才不露"的状态。这就给管理者提出了一个问题：如何诱发员工的"逞能"欲望？为此，通常的做法有两种：

一种是物质诱导的方法，即按照物质利益的原则，通过奖励、提高待遇等杠杆，促使员工努力工作、积极进取。

另一种是精神诱导的方法，其中也分为两种情况：其一是事后鼓励，比如在员工完成了一项任务后给予其表彰或表扬；其二是事前激励，即在员工完成某项工作之前就给予其恰当的刺激或鼓励，使其对该项工作的完成产生强烈的欲望。这样一来，其求胜心理必然会被成功的意识所支配，从而能够乐于接受任务并竭尽全力地完成。尤其是对于那些好胜心或者进取心比较强的员工来说，事前激励要比事后鼓励更有效果。

事前激励一般有两种做法，一种是正面激励，一种是反面激励。前者是指从正面进行说服或勉励，向其明确事后的奖励政策；后者就是通常所说的"激将法"。由于这种做法对人的尊严和荣誉感有着强烈的刺激，所以在一般情况下都能成功。

2. 强化员工的荣辱意识

荣辱意识是使员工勇于竞争的基础条件之一。但是每个人的荣辱意识各不相同。有的人荣辱感非常强烈，而有的人荣辱意识则比较弱，甚至还有的人几乎不知荣辱。因此，管理者在启动竞争机制时，必须强化员工的荣辱意识。

强化荣辱意识，首先要激发员工的自尊心。自尊心是人的重要精神支柱，是进取的重要动力，并且与人的荣辱意识有着密切联系。自尊心的丧失容易使人变得妄自菲薄、情绪低落，甚至内心郁郁不满，从而极大地影响员工的劳动积极性。然而事实上，并不是每个人都具有强烈的自尊心。根据有关的分析，员工自尊心的表现程度大致分为三种类型，即自大型、自勉型和自卑型。对于第一种人来说，他们的荣辱感极强，甚至表现为受荣而不能受辱，并且他们的荣辱感往往带有强烈的嫉妒色彩。这就要求管理者对他们加以正确引导，以防止极端情况的发生。对于第二种人来说，其荣辱意识也比较强，只需要你稍有引导就可以了。而对于第三种，管理者必须通过教育、启发等各种办法来激发其自尊心，尤其是要引导其认识自身的能力和价值。

强化荣辱意识还必须明确荣辱的标准。究竟何为"荣"，何为"辱"，员工应当有一个明确的认识。在现实中，荣辱的区分确实存在问题。比如说，有的人把弄虚作假当成一种能力，而有的人则对此嗤之以鼻；有的人把求实看作是无能的表现，而有的人则认为这是忠诚的反映。所以，管理者应当让员工有正确的荣辱界线，这样才能保证竞争机制的良性发展。

此外，强化荣辱意识还必须使其在工作过程中具体地表现出来。应当让员工们看到：进者荣，退者辱；先者荣，后者辱；正者荣，邪者辱。这样，员工们的荣辱意识必然得到增强，其进取之心也必然得到提高。

3. 给予员工充分的竞争机会

在员工中引入竞争机制的目的是激励员工，做到人尽其才，发展团队的事业。为此，管理者必须为员工提供各种竞争的条件，尤其是要给予每个人以充分的竞争机会。这些机会主要包括人尽其用的机会、将功补过的机会、培训的机会以及获得提拔的机会等。

机会均等原则。这就是说，不仅在竞争面前人人平等，而且在提供竞争的条件上也应当人人平等。这些条件通常是指物质条件、选择的权利等。

因事设人原则。在一个团队里，由于受到事业发展的约束，因此竞争的机会只能根据事业发展的需要而定。管理者虽然应当为员工取得进步铺平道路，但是这种进步的方向是确定的，即团队事业的发展和成功。

连续原则。这是指机会的给予不能是什么"定量供应"，也不能是什么"平等供应"和"按期供应"，而是在工作过程中不断地给予员工，使其在努力完成了一个目标之后接着就有新的目标。换言之，就是让员工在任何时候都能获得通过竞争以实现进步的机会和条件。

掌握激励的方法与艺术

一个优秀的领导不一定要在各个方面都比下属强，而在于具有调动下属积极性的能力。激励不仅是重要的管理手段，而且是一门高深的管理艺术。领导对下属的激发和鼓励，会使他们发挥更大的积极性和创造性。激励的方法虽然多种多样，但大体上可划分为如下几个类型：

1. 形象激励

形象激励，主要是指领导的个人形象对下属的思想和行为能够起到明显的激励作用，从而推动各项工作的开展。管理者的一言一行往往会影响下属的精神状态。管理者形象是好是坏，下属心中自有一杆秤。如果管理者要求下属遵守的，自己首先违法；要求下属做到的，自己总是做不到，他的威信和影响力就会大大降低，他的话就会失去号召力，下属将会表面上服从，而背后投以鄙夷的眼光。而管理者以身作则、公道正派、言行一致、爱岗敬业、平易近人，就会得到下属广泛的认可和支持，就能有效地督促下属恪尽职守，完成工作任务。因而一个优秀的管理者应把自己的学识水平、品德修养、工作能力、个性风格贯穿于处世与待人接物的活动之中。

2.情感激励

情感，是人们情绪和感情的反映。情感激励既不是以物质利益为诱导，也不是以精神理想为刺激，而是指管理者与下属之间的以感情联系为手段的激励方式。管理者和下属的人际关系既有规章制度和社会规范的成分，更有情感成分。人的情感具有两重性：积极的情感可以提高人的活力，消极的情感可以削弱人的活力。一般来说，下属工作热情的高低，同管理者与下属的交流多少成正比。古人云"士为知己者死，女为悦己者容"，"感人心者，莫过于情"。有时管理者一句亲切的问候，一番安慰话语，都可成为激励下属行为的动力。因此，作为一名优秀的领导，你不仅要注意以理服人，更要强调以情感人。要舍得情感投资，重视与下属的人际沟通，变单向的工作往来为全方位的立体式往来，在广泛的信息交流中树立新的领导行为模式，如家庭、生活、娱乐、工作等。领导可以在这种无拘无束、下属没有心理压力的交往中得到大量有价值的思想信息，通过交流思想感情，从而增进了解和信任，并真诚地帮助每一位下属，使团体内部产生一种和谐与欢乐的气氛。

3.需要激励

需要激励理论认为：需要是产生行为的原动力，是个体积极性的源泉。从需要着手探求激励是符合心理规律的有效途径。需要层次理论将人的基本需求由低级到高级分为五个层次，即生理的需求、安全的需求、社交的需求、尊重的需求、自我实现的需求。其中生理的需求就是保障人们生存的物质享用方面的需要，只有这种最基本需求被满足到所维持生命所必须的程度后，其余的几种需求才能成为新的激励因素。在生理需求相对满足后，安全需求就会表现出来。安全的需求就是人身安全、劳动安全、职业安全、财产安全等。社交的需求是人们愿意建立友谊关系，渴望得到支持和友爱，希望归属于某一群体，为群体和社会所接纳。尊重的需求是指人都有自尊和被人尊重的需要，希望获得声望和权威，取得成绩时，希望被人承认。自我实现的需求是人最基本需求的最高层次的需求，这种需求意味着人们希望完成与自身能力相称的工作，使自身的潜在能力能够发挥出来。

需要层次理论告诉我们，需要的满足因一个人在组织中所做的工作、年龄以及员工的文化背景等因素的不同而有所差异。因此，领导在激励下属时，应针对不同的对象与其不同的需要进行激励。只有掌握了下属的需求才能积极创造条件去满足下属的需要，有目的地引导需要，才能有针对性地做好领导工作，从而达到激励下属积极性的目的。

4. 心智激励

过去有些领导片面地认为，激励就是调动下属的积极性，让下属想干，愿干、有热情，心情舒畅，这实际上只说对了一半。激励下属想干、愿干是对心的激励；更重要的是要让下属能干、会干、创造性地干，这才是对下属心智的激励。激励"心"是前提，激励"智"才是目的。激励从心开始，可以达到对智的激励。

哈佛大学维廉·詹姆士通过对员工激励的研究发现，采取激励措施，能够有效激发员工的工作能力。他的研究表明，在没有激励措施下，下属一般仅能发挥工作能力的 20%～30%，而当他受到激励后，其工作能力可以提升到 80%～90%，所发挥的作用相当于激励前的 3～4 倍。日本丰田公司采取激励措施鼓励员工提建议，结果仅 1983 年一年，员工提了 165 万条建议，平均每人 31 条，它为公司带来 900 亿日元利润，相当于当年总利润的 18%。下属的潜能不被激励，藏着就是无能。而下属的潜能对领导来说是没有用的，作为管理者，你需要的是下属的效能，而不需要下属的潜能，因此你应将下属的潜能进行激发使之变成效能。这种对心的激励可以带来智力、智慧和创造力的开发，激励心与激励智要结合起来。

5. 信心激励

很多时候下属可能对自己缺乏信心，不能清楚地认识和评价自己，尤其是对自己的能力，往往不清楚自己的优势和劣势以及实现目标的可能性有多大。因此，下属需要外界尤其是自己信赖的、尊重的、敬佩的人的鼓励，而来自上级的鼓励则更加可贵，它意味着上级会给自己提供成功的机会和必要的帮助，这无疑会激发下属的需要和激励下属努力进取。因此，领导应努力帮助下属树立"人人都能成才"的信心，让下属看到希望，扬起理想的风帆。下属有了信念、动力和良好的心态，就能激发出巨大的创造力。正像一句广告词说的那样："只要有激情，一切就有可能"。

6. 赏识激励

赏识是比表扬、赞美更进一步的精神鼓励，是任何物质奖励都无法可比的。赏识激励是激励的最高层次，是领导激励优势的集中体现。社会心理学原理表明，社会的群体成员都有一种归属心理，希望能得到领导的承认和赏识，成为群体中不可缺少的一员。赏识激励能较好地满足这种精神需要。

威廉·詹姆士说："人性的第一原则是渴望得到赞赏"。领导必须意识到这一点。当下属有进步时，他最需要得到的是认可；当下属获得成功时，他最需要给予的是赞赏。只要这样做，赏识激励就能产生预期效果。有时领导一句让人刻骨铭心的赏识的话，可能会让下属铭记一生，影响终身。对那些有才干、有抱负的下属来说，给予物质奖励，还不如给他一个发挥其才能的机会，使其有所作为。

领导要知人善任，对有才干的下属，应为其实现自我价值创造尽可能好的条件。对下属的智力贡献，如提建议、批评等，也要及时地给予肯定的评价。管理者的肯定性评价也是一种常识，同样地满足下属精神需要，强化其团队意识。

员工的积极性是可以夸出来的

人都有做个重要人物的欲望，都渴望得到别人的夸奖和肯定。夸奖有一种非常有效而且不可思议的推动作用，它能赋予人一种积极向上的力量，极大地激发出人们对事物的热情。

心理学家威廉·詹姆士曾说："人类本性最深的企图之一是期望被人夸奖和尊重。渴望夸奖是每个人内心里的一种最基本的愿望。我们都希望自己的成绩与优点得到别人的认同，哪怕这种渴望在别人看来似乎带有点虚荣的成分。"

著名幽默大师马克·吐温更是对夸奖的作用大加赞赏："我可以为一个愉悦的赞美而多活两个月。"

一句普普通通但却真挚诚恳的赞美之语，也许在别人却是莫大的鼓舞与激励。它可以给平凡的生活带来温暖和欢乐，可以给人们的心田带来雨露甘霖，给人带来鼓舞和积极向上的力量。在生活中，大多数人希望自身的价值得到社会的承认，希望别人欣赏和称赞自己。所以，能否获得称赞，以及获得称赞的程度，便成了衡量一个人社会价值的标尺。每个人都希望在称赞声中实现自身的价值，你的员工也不例外。

著名的心理学家史金纳说，要想达到最大的诱导效果，你应尽可能地在行为发生之后，立即加以夸奖。

事实确实如此。每一位家长都有这样的经验，要你的孩子学好，与其用严厉的责备，不如用称赞鼓励。"你的字写得真好！"你这样对他说了，下一次他会写得更好。这一方法同样可用于对待你的部属，这比用命令督促好得多。

许多做领导的永远不会对他的下属说一句称赞的话，他整天只是不断地板起面孔来督促着下属，以致团队里显得暮气沉沉，毫无活跃的景象。这样的团队，绝不会有长期的发展。

优秀的管理者懂得，激励员工绝佳的方法就是夸奖。在员工取得成绩时，他们最想得到的，就是上司对他的肯定与鼓励。你的员工感受到自己的表现受到认可和重视时，他们会以感恩之心表现得更加出色。对于员工来说，他的成绩哪怕是微不足道的，如果能大方地给予如蜜般甜美的赞美之词，在他们看来就会是一种莫大的鼓舞。工作在员工眼中是一片灿烂与美好，把良好的心理状态带到工作中、带到客户中，这个公司的效率自然会得到提高。

把赞美送给员工，即使是片言只语，也会在他精神上产生神奇的效应，令他心情愉快，激情回荡。在赞美的过程中，双方的感情和友谊会在不知不觉中得到增进，而且还能调动其交往合作的积极性。

夸奖是贴近人的本性的激励方法，得体的赞美，会使你的员工感到很开心、很快乐。他是一种博取好感和维系好感最有效的方法，还是促进人继续努力的最强烈的兴奋剂。以温言轻语来褒奖他人，更容易让人接纳。如果有一天你对下属说："公司对你的工作很满意，你安心努力做下去吧！"他会觉得这一句话比后来你加他工资时还令人振奋。

从经济学的角度来看，夸奖是一种产出远远大于投入的投资。给人以赞美，甚至不需要做物质上的付出，但却可能得到超出想象的回报。

夸奖之所以有这样的妙处，是因为当你称赞员工的时候，他觉得自己的一切都是主动的，自己的继续努力也是主动的。所以当你想让你的员工把工作干得更好，最好不要老是站在管理者的立场来严肃地教训他；留心他的工作，找到值得称赞之处时，就紧抓机会鼓励他，那么你一定会得到丰硕的收获。

每个员工都想要得到领导的奖赏，需要得到别人包括团队同事的肯定；需要别人知道自己的价值，自己的优点。这是一切交往、一切谈话的基本出发点，也是古人所谓"行止于礼"的涵义所在。夸奖具有不可思议的魔力，是激励员工的有力手段，管理者要善于使用夸奖把自己的员工变得干劲十足。

战略性激励比任务式激励更持久

一时一事的任务式激励很多单位都会做，但战略性激励却不是每个单位都能做的。事实上，尽管许多企业都十分重视对管理层、员工进行激励，并且采取了多种多样的激励方式，但不少企业实行激励的效果却不明显。为什么？因为它们的企业文化中大都只有任务式激励，而很少有战略性激励。

所谓任务式激励，是指企业针对一时的具体任务和工作要求或目标而进行的激励。举例来说，有一家企业设有名目繁多的奖励和提成：有质量奖、销售提成、新产品促销提成、工艺改进奖、费用节约奖，还有环境卫生奖、管理建议奖，等等。激励方式多达30多种。一所大学为了调动教师多方面的积极性，也设立了多达十多个激励名目，如发表论文奖、出版著作奖、项目经费配套、教学课时津贴、开设新课奖、用外语授课津贴和公共事务津贴等。从上面那家企业和那所学校的激励目的和方式看，它们实行的都是任务式激励。

任务式激励的特点非常明显，那就是一事一奖，一事一报酬，十分具体，也很明确。任务式激励的好处是：只要你做了某种事，比别人做得多一点或比别人做得好一些，就可以得到相应的报酬，激励效应比较直接，立竿见影。但缺点是做什么事都讲报酬，有好处的事才做，没好处或好处少的事就不做或少做，凡事斤斤计较，凡事只讲眼前的、直接的利益。

对任何一个单位来说，只有任务式激励是远远不够的。一个企业实行任务式激励，就像一位家长对待孩子，这科考好了就带他去吃麦当劳，那科考好了就带他去吃肯德基；或者这次考好了就给他买玩具，下次考好了就带他去旅游。其效果是刺激了某些非常具体的事，模糊了总体目标，弱化了全面和可持续发展；强化了个人的一时一得，削弱了单位的总体激励效应。因此，任务式激励不能不用，也不可多用。除了任务式激励外，建立和实行战略性激励对一个单位实现全面和可持续发展是至关重要的。

简单地说，战略性激励就是针对企业的长远发展战略而实行的综合性激励。一个企业的所有具体任务和工作加起来并不等于其长远发展战略。同样，实行各样的任务式激励也很可能实现不了企业的长远发展战略和目标。不仅如此，任务式激励还可能偏离战略，毁坏企业的战略根基。

战略性激励与任务式激励不同。战略性激励不针对一时一事，而是立足于企业的长远发展战略；它不是一事一奖，而是一套综合性的激励方案；它不是讲你一次做了什么，就该给你奖励，而是利用事先设计好的综合性激励方案，实现责任与权利的协调统一；它不讲究个人的激励，而是看重团队或集体的激励。长远看一个单位，任务式激励可促成一时、一事的成功，但很难确保长期的、全面的发展。战略性激励却不同，它可以引导和促进单位的全面和可持续发展，形成核心竞争力，从而赢得全局性的根本胜利。很明显，战略性激励不仅仅是一套激励方案，而且还是一个企业或单位的文化，涵盖了共同价值观的形成、制度建设、岗位设计与晋升、责权利有机结合等一系列重要内容。

一个企业要实现从任务式激励向战略性激励的转化，一方面，需要在企业内部形成共同的价值观和健康向上的新型文化；另一方面，需要很好地设计能配合单位战略实现的关键性业绩评价指标，开展战略性业绩评价与激励。

第七章

授权管理恰到好处

——给有能力者发挥的机会

俗话说:"众人拾柴火焰高。"与其自己事事包揽做一个愚蠢而勤奋的人,不如给员工一个发挥自己力量的舞台。况且授权不仅能让管理者变得更轻松,还能最大限度地调动员工的工作热情,让他们更卖力地工作。大胆放权,多当裁判员,少做运动员,切莫事事过问,这样可以发挥中间人员的主观能动性,调动他们的积极性。毕竟人的精力是有限的,管理者忙于事务,势必影响在企业战略发展上的研究。

放些权力下去，才能收些人心上来

　　权力是一种管理力量，权力的运用则是有法度的，而不能是公司管理者个人欲望的自我膨胀。因此一个高明的管理者，首先要明白这一点：自己的工作是管理，而不是专制。也就是说，管理者不是监工，因为监工即是专权的化身。把自己当作监工，往往大权独揽，把所有的员工都看成是为自己服务的。这样的管理者，永远做不好管理，或者说，监工式的管理已经与现代公司"以人为本"的思想相去甚远。也许监工式的管理一时有用，但不可能时时有用。牢记这一点，"以人为本"的管理会对公司管理的用人方式带来益处，至少不会招致员工的心理抗拒，容易使双方形成平等、融洽的人际关系，从而创造一种良好的工作气氛。

　　从另一方面讲，手中有了权力才有工作的能力，这是一条颠扑不破的真理。士兵有了开枪的权力，才能奋勇杀敌；推销员有了选择客户的权力，才能卖出货物。如果管理者把这些权力死死地握在手中，而不将其授予员工，那么这些权力的效力也就无法得到释放。

关于放权，有一个很形象的比喻。管理者要做的事情有两件：一是告诉下属到达哪座山头，二是告诉他沿着什么方向在什么时间到达。至于下属究竟会选择什么方式进行，走路还是乘车，单枪匹马还是成群结队，都不应该是管理者需要操心的问题。

以生产石化产品 ABS 而位居全球行业第一的台湾奇美公司的董事长是许文龙。奇美公司的规模虽然没有王永庆麾下的台塑庞大，但是它的生产力却是同行业的 4 倍。20 世纪 70 年代，其产品曾以品质高、价格低而掀起石化业的一场革命，以致连美国和日本的同行都畏之如虎——只要是许文龙想要投资的地方，众多美日厂商无不退避三舍、取消计划。

说来奇怪，许文龙管理企业的风格和观念竟然是道家的"无为而治"，也就是所谓的"不管理学"。

许文龙虽然挂着董事长的头衔，这却是一个地地道道的虚位，简直就像英女王一样。对于企业内大大小小的事情，许老板始终是全部授权，从不作任何书面指令，即使偶尔和主管们开会，也只是聊聊天、谈谈家常而已。很多时候，他根本不知道自己的印章放在哪里，更奇怪的是，他连一间专门的办公室也没有。因为没有办公室，他只好经常开车到处去钓鱼。有一次遇到下大雨，他想去公司看一看。员工看到他时，竟然很惊讶地问他："董事长，没有事你来干什么？"他想了想："对呀！没有事来干什么？"于是，他很快一溜烟地开车离去了。

对一个管理者而言，彻底改变监工身份，有时候并不是简单说说而已。这种观念的转变，要靠自己的实际工作来体现，真正做到由专权到放权的角色转换。切忌误以为专权就是手握大权，放权就是失权。相反，放权能够有效释放权力的应有效力，赢得员工的诚信，使员工更加尊重你的权力，从而使你的权力从本质上更有效力。而专权只能迫使员工表面服从，却不能赢得人心。

通过分权和授权能够充分发挥员工的主观能动性，调动员工的积极性和创造性，提高工作效率。例如，计划、开会及至进行一项工作，管理者当然有责任和权力去参与。但管理者给予员工过多的辅导，使员工无法独立处理整件工作，对员工本身及管理者均会造成长远的损害。当然，管理者指派员工去做某项工作之后也不能不管不问，在适当的时候询问员工一些问题，可以防止他偏离目标。例如，问他是否需要协助、工作进度如何、是否遇到困难等。管理者应站在客观的立场上评价员工的工作，并鼓励他们大胆去做。

现代公司"把监工赶出权力层"的说法，就是对专权与放权关系的精辟概括。每一位有志于公司管理革命的管理者，都应当切记这种说法的意义。

应该了解，一个企业的管理层，是有别于一般职位要求的。管理者的责任除了要统领员工完成公司的发展目标外，还包括发挥下属的潜质及提携下属，这些无形的贡献，将回报于公司的良性发展。

一个制度完善、分工明确的现代化企业，有健全的职能部门作为支撑。管理者如果能给予企业各职能部门应有的权利和信任，才能发挥企业整体的实力。否则，形同虚设，孤木难撑。

1. 揽权不放

随着公司规模的扩大，管理者"全面管"的角色应该过渡到维护外界关系和开拓公司市场工作上。然而有的管理者仍然难以改变"一人决策，万事把关"的习惯性管理行为。

问题的症结在于，管理者对于下属及员工缺乏充足的信心，事事心存顾虑以至于揽权不放是他们对于员工办事不放心的表现。

管理者必须认识到，放权是必然的，不是主观的要求，完全是业务发展的内在驱动和管理者有限性管理的约束限制。

2. 职责误解

很多管理者，基于心理障碍，在委派工作时，应该放手的，却"抱着不放"。结果让自己分身不暇，在策略性工作方面没能顾全大局，好好发挥，同时剥夺了下属发挥的机会。

有些管理者，虽然会把工作下放，但下放时，又会犯上另一种通病，就是对下属的进度紧盯不放，或吩咐自己家族内部亲信对下属负责项目跟进。致使下属觉得不是滋味，他们可能会以为自己力有不逮，士气因而大受打击。而管理者自己并不好过，工作时间一天比一天长。至于下属，除了对工作缺乏激情外，更甚者，会索性避开与管理者沟通。

做到充分授权，有效控制

成功的企业管理者不仅是授权高手，更是控权的高手。授权问题指的是如何将职权在组织中进行合理而有效的配置。

权力是一把"双刃剑"，用得好，则披荆斩棘无往不利；用得不好，则伤人害己还误事。成功的管理者不仅应是授权高手，更应是控权的高手。无数事实证明，管理者超脱一切，任何事都不闻不问就能轻松自如地驾驭员工、把工作做好是不可能的。正确的做法是：在保证合理监控和牵制的前提下，将不必由自己掌握的权力交给下属，这样才算真正领悟了授权的实质。

从表面上看，授权好像就意味着放弃控制。因为这会让管理者对工作和局面的控制发生质的变化——退后了，不在第一线了，但实则不然。美国一位著名管理学家就说：做到充分授权，有效控制，授权管理的本质就是控制。所以，充分授权，有效控制，才是授权的最好境界。

管理者必须保持权力的可控性，否则就不是授权而是弃权。而管理者的大权旁落只会引起员工间的纷争和混乱，从而扰乱整个企业的局势，造成人力、物力的严重内耗，缺乏效率，丧失竞争力。因此，管理者要始终把权力控制在自己的手中，以保证企业决策的贯彻性，各方利益的协调性，并不断推动企业前进。所以，管理者在授权之初就应该把必要的权力掌握在自己手里，如重要岗位的人事任免权，重要事务的决策权等，这样在员工间发生矛盾与冲突时管理者就可以进行有效的协调控制，以保持企业的稳定发展。这正是授权、控权的必然要求。

因此，管理者在授权之后更应该加强对各项工作的全面管理，尤其要加强授权过程中的管理，努力提高授权的有效性。只有这样，才能达到授权的目的。而控权正是管理者的真正职能所在，有效的管理就是要把权力、责任赋予员工，而管理者本身则承担一个协调、控制、指导、监督和检查的责任，这不是干预，而是帮助员工把握工作的正确方向。

授权就像放风筝，既要放，又要有线牵。光牵不放，飞不起来；光放不牵，风筝或飞不起来，或飞上天失控，并最终会栽到地上。只有依风顺势边放边牵，放牵得当，才能放得高、放得持久。风筝线的韧性足够好，才可能随时将风筝收回，否则，不是放出去了收不回来，就是收回来后又不敢再放出去，放风筝的乐趣全无。所以，管理者在下放权力的过程中一定要有一条可靠的"风筝线"，这条"线"就是足够的控制力，不要超出了自己力所能及的控制范围，要使授权与合理监控结合起来。

如何做到既充分授权又不失控制呢？下面几点颇为重要：

1. 牢牢把握不可下放的权力

有些权力是管理者必须牢牢把握的，切不可下放，否则，只会让自己处于不利地位。比如：

——人事任免权。特别是对直接下属和关键岗位的人事任免权，管理者必须保留。而且人事方面的决定（评估、晋升或者开除）通常来说，是很敏感的，而且往往难以做决定。

——关系协调权。管理者必须保留对直接下属之间相互关系的协调权。协调下属之间的关系是非常重要的，也是其他下属所不能替代的。

——机密的事务。分析你公司里工作的分类和薪级范围看上去很花时间，这似乎是首先可授权的工作。但由于牵涉到很多的利益，所以应该由管理者自己去做，不适合授权。

——培养直接下属。作为一名管理者，培养你的直接下属不仅有利于你工作的展开，而且也是你的职责。

你的下属应该在他们的成长和发展过程中得到你的帮助，他们依赖你的经验、你的判断来辨别对他们成长有帮助的工作。这不是你该授权的工作，虽然你可以从他人那里得到一些帮助，但这是你的职责。

——危机问题。危机总会不可避免地发生，假如发生危机，管理者应亲自坐镇，制定应对方案，很多事都应该亲力亲为，这不是你该授权的时刻。当处于危机的时候，要保证自己在现场起一个领头的作用。这样，有利于稳定人心，避免事态进一步恶化，为解决问题赢得宝贵的时间。

2. 评价授权风险

每次授权前，管理者都应评价它的风险。如果可能产生的弊害大大超过可能带来的收益，那就不予授权。如果可能产生的问题是由于管理者本身原因所致，则应主动校正自己的行为。当然，管理者不应一味追求平稳保险，一般来说，任何一项授权的潜在收益都和潜在风险并存，且成正比例，风险越大，收益也越大。

3. 命令追踪

有些管理者在授权之后，常常忘记自己发出的指令，而对于已发出的命令进行追踪是确保命令顺利执行的最有效方法之一。

命令追踪的方式有两种：

第一种，管理者在发布授权指令后的一定时期，亲自观察命令执行的状况；第二种，管理者在发布授权指令的同时与下属商定，命令下达后，下属应当定期呈报命令执行状况的说明。

在进行命令追踪时，管理者必须明确追踪的目的在于：

——控制命令是否按原定的计划执行；

——考虑有无足以妨碍命令贯彻的意外情况出现；

——考核下属执行命令的效率；

——反思、检讨本人下达命令的技巧，以便下次改进命令下达的方式。

基于这样的目的，高明的管理者在命令追踪中，会把目光集中于：

——下属所履行任务的质与量；

——工作进度和工作态度；

——下属是否有发挥创造性的余地；

——命令是不是合适的，有无必要对命令本身做出修正，或下达新命令取而代之；

——下属是否确切地了解命令的含义，并按命令的精神完成任务。

4. 监督进度

授权使管理者的控制发生了微妙的变化，因为授权，管理者对工作及局面的控制实际上是退后了，这反而使控制在授权中的地位得以凸显；而且必须使自己的控制技巧更加高明，才不至于使工作陷入失控状态；同时，因为授权，管理者得以从具体烦琐的事务性工作中腾出时间来，其中的一部分将被用来命令追踪和监督委派出去的工作，这几乎成为管理者对这些工作负责的唯一有效的形式。

一个优秀的管理者会根据授权，对自己的控制技术做细致的挑选和改造，以适应授权这种特殊的管理形式。照搬一般性的而非授权中的控制技术，往往适得其反。

授权中的控制技术包含：

——监督工作进展，尽量避免干涉下属的具体工作；

——以适当的方式提出意见或提醒；

——确认绩效，兑现奖惩。对于出色的工作要给予充分的鼓励，对于不足的工作提出意见。精神推动如果结合物质奖惩，效果会更好。

5. 尽量减少反向授权

下属将自己应该完成的工作推给管理者去做，叫做反向授权，或者叫倒授权。发生反向授权的原因一般是：下属不愿冒风险，怕挨批评，缺乏信心，或者由于管理者本身"来者不拒"。除去特殊情况，管理者不能允许反向授权。解决反向授权的最好办法是在同下属谈工作时，让其把困难想得多一些，细一些，必要时，管理者可以帮助下属提出解决问题的方案。

6. 审查并改进授权的技巧

尽管有些企业的管理者们也实行了授权，但是，由于他们没有正确掌握授权方法，没有按照授权的基本程序去授权（或是未能选准授权对象；或是授意不明；或是忽视必要的追踪检查等），因此，效果并不见佳。可见，实行有效的授权，掌握正确的方法也是十分必要的。不掌握正确的方法，而要想取得好的效果，是绝对不可能的。因此，管理者需要不断学习授权技巧，并在授权的过程中注意审查和改进自己的授权技巧，不断提高自己的授权能力。

（1）授权就像打篮球，不是把球交到谁手里，责任就是谁的，管理者就什么也不必管了，还一定要考虑整体局势，进行有效控制，相互协调照应。只有这样，被授权的员工才能有足够的力量去高效地完成任务。

（2）管理者应统御全局，有效的统御赢在三个层面上进行：其一是对组织的控制，采用纵向画线、横向画格的管理模式来实现；其二是对工作的控制，表现为静态和动态控制；其三是对员工的控制，要注重"方法与艺术"的结合。

扶上马，再送一程

有一部分管理者虽然也明白授权的重要性，但他们在授权时事无巨细，生怕员工无法完成任务。但正是管理者授权时的过于细节化，束缚了员工的思想。其实，管理者在向员工授权时只需向其下达目标，无须布置授权的细节，既然你选择了向对方授权，就要相信他能把细节做好。

管理者不宜管得过细、过严，如果每次授权，从开始到结束，事无巨细都要求得非常具体详细。一开始可能员工还能接受，但时间长了，就会激起员工的不满，严重挫伤员工的积极性。

管理者的授权很多时候都无须涉及细节，你只要向员工下达某项任务的目标足矣。比如布置员工编制一套管理软件，你只提要求就可以了，没必要告诉他使用哪种语言、怎么编排。管理也有一个度，当超过这个限度的管理，很多时候就会弄巧成拙。

管理者只需要掌控好管理的大方向，其他的就让员工自己去想办法解决。

美国通用汽车公司总经理斯隆在聘请著名管理学家德鲁克任公司管理顾问时，第一天就告诉他："我不知道我们要你研究什么，要你写什么，也不知道该得出什么结果。这些都应该是你的任务。我唯一的要求就是希望你把认为正确的东西写下来，你不必顾虑我们的反应，也不必怕我们不同意，尤其重要的是，你不必为了使你的建议为我们接受而调和折中。在我们的公司里，人人都会调和折中，不必劳驾你，你当然也可以调和折中，但你必须告诉我们，正确的是什么。"他的这番话正说出了管理的真谛，即管理者不应以任何形式把自己的主观意志强加给员工，而应该积极地为他们创造一个独立进行工作的环境。

管理者的任务是下达命令，授予权力，但不要给员工画框子、定调子，束缚他们的手脚和思想。否则只能给员工造成工作上的障碍，无益于任务目标的实现。所以，在对员工授权时，你只需告诉他们想要达到的目标，至于具体怎么做，那是员工该考虑的，而不是管理者自己。

管理者若想让自我所在的团队不断地发展、前进，就不能成为那个高高在上的专制君主。而应发挥民主作风，学会授权，多给部属一些权力，并且在授权后做到以下几点：

1. 让被授权者感到自己很重要

让被授权者意识到自己的重要性，管理者所要做的只是调动他们的积极性，并使他们确信这样的目标更适合于他。大多数人都渴望一份愉快的、富于挑战性的工作，于是管理者就可以通过启发他们对有意思工作的期待来唤醒他们对于工作价值的认识。

往往被授权者会接受这样的劝告："这个新的计划代表着我所渴望的那种工作，是那种能让我星期一早晨起来时面带微笑，渴望上班的工作。"他们可能在想，致力于这种事业的前景极好，而自己所做的正是在实现这种前景，是非常有意义的一项工作。

因此，管理者要使被授权者认识到自己的重要性就要了解被授权者的需求，并从这点出发帮助被授权者。这就要求管理者倾听被授权者的意见，经常与他们切磋琢磨，彼此交换意见。这样一来，无论多单纯的工作也会使被授权者认识到自己的重要性，并且衷心致力于工作了。

2. 相信他们能做好，增强他们的自信心

与自信相对的就是自卑。企业中难免会存在一些丧失自信，自卑感作祟的被授权者。这些人或许能力并不差，但就是强烈的自卑感，让他们在工作中过于注重他人的评价，总顾忌着自己的一举一动是否惹人注意，会不会受到他人耻笑，因此不敢发表意见，不敢创新、打破常规，导致工作效率低下。对于这类被授权者，管理者要尤其予以重视，帮助他们树立自信。

帮助被授权者建立自信，就需要管理者清楚被授权者在什么情况下才能产生自信，往往，当一个人得知了过去所不知的事，完成了以往所无法完成的事，或者赢了过去无法胜过的人，就会产生强烈的自信心。

而要帮助被授权者产生自信，就应在多方面予以指导：

首先，使其早日适应工作与团体组织，如果无法适应就无法产生自信，这对新进被授权者尤为重要。

其次，训练被授权者从事较高水准的工作。待他们完成高水准的工作后，在兴奋之余就会在无形中产生自信心。

再次，在被授权者需要帮助时予以指导，而不是代替他们解决问题，只有依靠自己的力量解决问题才能产生信心。

最后，尽可能称赞被授权者，往往当人受到称赞时就会产生信心。

自信可以有效激励被授权者的工作积极性和主动性，但管理者

也应该清楚，若过于自信，就容易变成自负。管理者应该促使被授权者清楚了解自己的实力程度，并给予其公正的评价，帮助他们建立起自信，并充满自信地完成工作。

（1）授权以后决不去干涉。这是一种自信的表现，是一条事业的成功之途。授权后，你通过对下属的观察和监督，能拓宽自己的眼界，也更清楚自己的目标所在，从而能高瞻远瞩。你的下属由于感到受重视、被信任，从而会有强烈的责任心和参与感。这样，整个团体就能通信合作，人人都能发挥所长，组织才有新鲜的活力，事业方能蒸蒸日上。

（2）当被授权者面临困境时，管理者若能及时拉他们一把，施与恰当的帮助，就可以使被授权者获得莫大的安慰和满足，并从心底对你充满了感激，你也因此赢得了被授权者的信赖与爱戴，为顺利开展工作创造了一个绝佳的环境。

管理者对被授权者的帮助是非常重要的，尤其是对于工作阅历较浅的被授权者而言，由于他们对事物的观点往往很局限、狭窄，当工作陷入僵局时，就容易用固执的干劲予以克服，使自己走入死胡同。这时，管理者不妨利用适当的时机对其施以援手，帮助其转换心境，克服困难，往往就会使其对你感激涕零，死心塌地地追随在你左右。

总之，在被授权者面临困难或不得不承受的尴尬时，管理者最好有意对其施以援手，在关键时刻拉他们一把，往往你所收获的就将远远大于你付出的代价。

授权并信任才是有效的授权之道

信任是未来管理文化的核心，代表了先进企业管理的发展方向。用人固然有许多技巧，而最重要的，就是信任和大胆地委托工作。通常，一个受管理者信任、能放手做事的人都会有较高的责任感，所以无论管理者交代什么事，他都会全力以赴。

信任是管理者授权的第一要诀，管理者要明白与员工分享权力是开创企业并发掘增长潜力的最佳途径。用人不疑，疑人不用，管理者如果不相信员工，自己就会累死；而相信他们则会获得成倍的收益。

授权需要信任，没有信任，不能授权；缺乏信任，授权失败。信任下属，管理者就要摒弃包办主义，彻底放权，真正做到"将在外，君命有所不受"，放手让他去干，相信下属能担当此任，会尽力去完成任务。

作为企业管理者，如果将某一项任务交给你的下属去办，那么你要充分信任你的下属能办好，因为授权并信任才是有效的授权之道，只有充分信任，才能有效授权。

信任产生的心态是认可，管理者只有认可下属，才能信任他，才可能给他权力。从授权的角度上来说，授权并信任才是有效的授权之道，只有充分信任，才能有效授权。

一般的管理者不放心把权力委托给员工，这是出于"别人谁也不会像我自己做得那么好"的思想，或者是惧怕员工滥用权力，其实质就是不信任自己的员工。

　　某杂志曾经以《你最不喜欢什么样的老板》为题向 50 位白领征询看法，结果收集上来一箩筐意见，历数老板的种种致命缺点。其中，骄傲自大、刚愎自用、不懂得充分授权和信任员工被提到的次数最多，超过了对老板个人能力、公司管理各个方面，甚至员工个人利益。

　　是的，没有信任，又何谈授权？一些管理者表面上是把权授出去了，可是仍事事监控，或者关键的地方不肯放手，这都是不信任的表现，如此的授权又有什么实质的意义呢？

　　要知道，不被信任，会让员工感到不自信，不自信就会使他们感觉自己不会成功，进而感到自己被轻视或抛弃，从而产生愤怒、厌烦等不良的抵触情绪，甚至把自己的本职工作也"晾在一旁"。相反，在信任中授权对员工来说，是一件非常快乐而富有吸引力的事，它极大地满足了员工内心的成功欲望，因受到信任而自信无比，灵感迸发，工作积极性骤增。

　　经营之神松下幸之助说："用他，就要信任他；不信任他，就不要用他。"所以，当企业管理者给下级授权时应当充分信任下级员工能担当此任。

　　郑先生在一家中型计算机公司就职，一天，他将自己拟好的销售计划在下班时塞在了经理办公室的门把手上，不久，他便被邀去说明情况。在他进门后，经理开门见山地说："计划写得不错，就是字体太潦草了。"郑先生紧张的心放松了下来，随即问道："这项计划是不是预算开支较大啊？要不我再与两个同事一起来修改修改，然后再向您汇报一下。"经理不等他说完便打断了他："费用问题对于我们公司来说不是大问题，我看计划确实不错，你要有信心干好，那就去干吧，别让时机错过了！"

郑先生先是吃了一惊，然后信心十足地拿起计划离开了。大约两个月以后，他的计划取得了很大的成功，经理专门在会议上表扬了他，公司也给了他一定的奖励。不久之后，郑先生又将销售业绩摆在了经理桌上，又说起了扩大营销的策略。

这位经理事后说道："如果当时我们再去审核、考证，那不但贻误战机，而且肯定对员工造成心理上的负担，要知道，牵扯这么大数目的费用，他再有胆量，也还是要犹豫的，看看，现在不是干成了吗？相信他们，给他们留出充分的发挥空间，对我与公司都没坏处！"

由此可见，信任基础上的授权可以激发最强烈的动机，使人全力以赴。

当然，有些管理者之所以不信任员工，除了怕他们的能力不够之外，还怕他们在操作过程中出现失误，造成损失。但是如果没有失误又哪里会有进步呢？再说，人非圣贤，孰能无过，既然你决定授权给他，就要充分信任他，允许他犯错误。

只有充分信任员工，才能进行有效授权。在实际工作中，一方面，员工希望获得主管的信任，被授予更多权力；另一方面，获得授权的员工，在被完全信任的情况下，才能拥有自主决策的权力，并能有效行使被授予的职权。反之，缺乏信任的授权，必然导致员工失去积极性，缺乏主动性的结果。当然，值得信任是信任的前提。找到那些值得你信任的员工，然后放手让他们干吧。

（1）在公开场合将最困难、最光荣的重要工作交给某个员工，使他觉得这是上级对他的最大信任，"看得起他"。

（2）在听到别人对员工的不公正非议时，当即旗帜鲜明地予以驳斥，并且一如既往地使用员工。

（3）不要因员工一时的失败而否定他。在员工屡遭挫折，工作进展不大时，决不能因此而抹杀他过去的功绩，怀疑他的才能，草率地中途换人，而是应该及时向员工提供必要的支持和帮助，消除他在工作中遇到的障碍。

（4）对员工不必统得过死，管得过严。给予员工适度的自由，让他们根据自己不同的兴趣、爱好、特长和追求，去努力实现个人的"目标"。有时候，员工在个人小目标上取得的进展，不仅不会影响上级制定的大目标，反而更有助于大目标的提前实现，对于整个社会也能多作一些贡献。相信对员工的自我约束能力，适度"松绑"，也是对员工的充分信任。

权力与责任必须平衡对等

当管理者授权他人办事的时候，必须把足够的权力交付于他人，否则将会事倍功半，枉费力气。

下属履行其职责必须要有相应的权力，但同时，授予下属一定的权力时必须使其负担相应的责任，有责无权不能有效地开展工作；反之，有权无责会导致不负责地滥用权力。责大于权，不利于激发下属的工作热情，即使处理职责范围内的问题，也需要层层请示，势必影响工作效率；权大于责，又可能会使下属不恰当地滥用权力，最终会增加管理者管理和控制的难度。所以，管理者在授权时，一定要向被授权者明确交代所授权事项的责任范围；完成标准和权力范围，让他们清楚地知道自己有什么样的权力，有多大的权力，同时要承担什么样的责任。

这一点非常重要。只有当知道自己可以做哪些事情之后，下属才可能进行这项工作。在开始进行这项工作之前，首先花费些时间弄清楚这一点。下属也许希望知道些什么？他可以获得其他人的帮助吗？他可以自由支配经费吗？是否有一些工具和设备可以为他所用？他需要获得哪些批准以进行此事？总之，授权时，管理者必须向被授权者明确交代所授权事项的责任范围、完成标准和权力范围，在一开始，你就要让所有的人都明白自己的权力和责任的限度。

管理者在自己管理的组织系统内，对多个下属授权时，权力要分布得合理，不能畸轻畸重，造成授权失衡。如果对某个下属授权较多，则必须考虑他的威望及能力，是否为其他下属所接受。

要实现权力与责任平衡对等，使授权和"授责"达到最佳效果，应灵活掌握以下基本原则：

1. 明确

授权时，必须向被授权者明确所授权事项的责任、目标及权力范围，让他们知道自己对什么人和事有管辖权和使用权，对什么样的结果负责及责任大小，使之在规定的范围内有最大限度的自主权。否则，被授权者在工作中摸不着边际，无所适从，势必贻误工作。

2. 适度

评价授权效果的一个重要因素是授权的程度。授权过少往往造成管理者的工作太多，员工的积极性受到挫伤；过多又会造成工作杂乱无章，甚至失去控制。授权要做到下授的权力刚好够他完成任务，不可无原则地放权。

3. 责权相符

权与责务必相统一、相对应。这不仅指有权力也有责任，而且指权力和责任应该相等。如果员工的职责大于他的权力，员工就要为自己一些力所不及的事情承担责任，自然会引起员工的不满；如果员工的职责小于他的权力，他就有条件用自己的权力去做职责以外的事情，从而引起管理上的混乱。

4. 要有分级控制

为了防止员工在工作中出现问题，对不同能力的员工要有不同的授权控制。能力较强的员工控制力度可以少一些，能力较弱的员工控制力度可以大一些。控制并非想如何控制就如何控制，而是为了保证员工能够正常工作，在进行授权时，就要明确控制点和控制方式，管理者只能采用事先确定的控制方式对控制点进行核查。当然，如果管理者发现员工的工作有明显的偏差，可以随时进行纠正，但这种例外的控制不应过于频繁。

5.不可越级授权

越级授权是上层管理者把本来属于中间管理层的权力直接授予下级。这样做会造成中间管理层工作上的被动，扼杀他们的负责精神。所以，无论哪个层次的管理者，均不可将不属于自己权力范围内的事情授权予下属，否则将导致机构混乱和争权夺利的严重后果。

（1）授权要因事择人，视德才授权。授权不是利益分配，不是荣誉照顾，而是为了把事情办好，因此要选择思想品质端正、有事业心和责任心、有相应才能又精力较充沛的人，授之以权。

（2）不轻易授予重大权力。事关公司的发展方向、人员的任免等重大权力，管理者不要轻易授给员工。

（3）管理者必须对那些真正有才能的能人放宽授权，你应该有能容忍的雅量，哪怕对方可能对你的地位与权力造成威胁，只要他能真正为你创造价值就应该放手对他授权。

第八章

恩威并用恰到好处

——软硬兼施方可有效协调

采取"软"、"硬"兼施的工作方法，领导布置的任务往往能很快、较好地被完成。身居管理之职的人，都要有这样的觉悟：对下属或家人，切不可以过于严苛，也不可以过于宽大；过严则失去人心，过于宽大则不能立威。当然，在细节上还是有着不同的，管理企业要更偏于刚一些，而经营一个家庭则更注重宽柔。但是无论是哪一种，作为管理者都应该像水润草木一样，要把企业或家庭的利益放在前面。

不要过于蛮横和施压

威代表着严，代表着正，代表着权力，但是管理者切不可简单地将之理解为耍威风，更不能以一味打压、株连九族的方式树威，弄不好，威是树起来了，领导的目标却越发难以达到。而且，威一旦过了头，会扼杀积极性和创造性，人为地诱发混乱的局面，实在是得不偿失。

管理者为完成任务，被赋予一种强制别人的力量，这个力量就是权力。它可以用来指示、指导下属，也可用以纠正下属的过失。

虽然如此，但如果太仰仗权力，采取强硬手段来压制下属，口口声声说："我说这么做就这么做"，不厌其烦地一再向人们显示自己的权力，不但不能使下属信服，而且蛮横、高压的利用权力，还会引起下属的反对，虽然有时只是"敢怒而不敢言"。

三国时期有这样一个战例：张飞生性脾气暴烈，动不动喝醉酒后打骂士兵，士兵们敢怒而不敢言。

关羽败走麦城之后，被东吴所杀。张飞为替兄长报仇，凭借权力提出了不合理要求，限令军中三天以内置办白旗白甲，挂孝讨伐东吴。负责制造盔甲的两员大将范疆、张达因为期限太急，就向张飞乞求宽限几天，张飞不但不听，竟然把二人打得满口出血，并命令道："一定要按期完成，若超过期限，就杀了你们示众。"

二人知道根本不可能按期完成，便商议："与其他杀我们，不如我们杀了他。"

试想，跟着这样的领导，不让下属提反对意见，过分仰仗权力，作为下属，他们会信服这样的领导吗？

张飞之所以被部下杀死，与他平时的高压、蛮横是分不开的。平常下属们就是"敢怒而不敢言"，更何况在他急切报仇之时？

领导下达命令要符合实际情况，指责应该有充分的理由，而不应因为被赋予了某种权力就滥加应用。把强制及使人服从的力量藏而不露，才是聪明的做法。

身为下属，就算不受强制，也会有服从的心理，如果领导用一种以上压下的态度来对待下属，即使性格温顺的人也会暴躁起来。所以领导不能借助权力压人，靠本身的威信使人信服才是明智之举。

但是，有些顽固、刚愎自用的下属，见领导以一种友善的态度与他们交谈，反而会摆出一副盛气凌人的架势。这种下属，当然不妨使用强制的手段。

　　权力并不是万能钥匙，你不用多表现，大家也知道你是领导。威信比权力更重要，把精力放在建立威信上，效果会更好一些。聪明的领导很少会像封建社会那些专制的皇帝，随心所欲，世间万物为自己一人所支配。他们往往在工作中，通过展现自己，来逐步建立自己的威信。有了威信，大家才信服你。这时，你才具备了无形的感召力，你所做出的决定，才会得到大家的拥护。

　　随心所欲地使用你的权力，只会使你失去威信；而学会不倚仗手中的权力，建立你的领导威信，才会得到大家的信服。

　　管理者有权力，而且尝到了以权力树威的甜头，往往会无所节制地滥用权力，但是其结果或者让自己威信扫地，或者威得以立而事却因此败。朱元璋的教训是深刻的，虽然时隔已三百多年，但对今天的管理者们仍有着现实的警示意义。

学会红脸白脸集一脸

　　作为管理者，有时候对故旧施威可能会碍于情面，苦无良策，这时就需要与人配合，各扮角色。一个扮黑脸，一个扮白脸；一个砸场，一个收场，管人效果自然不同。

任何一种单一的方法只能解决与人相关的特定问题，都有不可避免的副作用。在管人方面对人太宽厚了，便约束不住，结果无法无天；对人太严格了，则万马齐喑，毫无生气。最有效的方法则是，学会红脸白脸集一脸。

高明的管理者，为避此弊，莫不运用红脸白脸相间之策。他们就像高明的演员一样，会根据角色的需要适时地变换脸谱。

清朝的乾隆皇帝就深谙此道，对知识分子，他采用的是怀柔政策。他规定见了大学士，皇族的老老少少们都要行半跪礼，称之为"老先生"。如果这位大学士还兼着"师傅"，就称之为"老师"，自称"门生"或"晚生"，如此种种，不胜枚举。

乾隆对这些知识分子真是恩爱有加，他甚至亲笔谕旨："儒林是史传所必须写入的，只要是经明学粹的学者，就不必拘泥于他的品级。像顾栋高这一类人，切不可使他们湮没无闻啊！"遵皇帝旨意，史馆里特设《儒林传》名目，来专门编写大知识分子的学术生平。平时，乾隆对上送的奏章，凡见到鄙视"书生"、"书气"一类的议论总是要予以批驳，说："修己治人之道，备载于书，因此，'书气'二字，尤可宝贵，没有书气，就成了市井俗气。"而且还说："我自己就天天读书论道，因此，也不过书生！"乾隆对书生的宠爱竟达到如此境地，似乎前无古人。

但是，乾隆维护的是自己的统治，严格遵循皇权至上、族权至上、朝廷至上的目的，是要保持"大清"永不"变色"。谁要是在这方面稍有越轨，他的红脸马上转换成白脸，满脸堆笑转换成杀气腾腾。管你是有意无意，或是或非，都立即被逮捕入狱，轻者"重谴"或"革职"，重者"立斩"或"立绞"，甚至处死后要"弃市"、"寸磔"，已死的也得开棺戮尸，连朋友、族人也统统跟着倒霉。

乾隆在位期间，大兴文字狱，有案可查的竟有70余次，远远地超过他的先辈们，这也是空前绝后的。乾隆这一手也够厉害的了，只搞得文人学士人人自危，处处小心，几篇游戏讴章，几句赏花吟月之词，一不小心，也往往弄出个莫须有的罪名，乾隆就是使用这样无情的白脸巩固了自己的地位。

作为企业的管理者更要学会红脸白脸集一脸，有些时候，管理者需要摆出一张微笑的面孔，点头向大家说："可以，很好"，不时地感谢一下员工。也可以说几句，"辛苦了，谢谢，谢谢！"以使大家工作起来更有劲头，更加高兴。

"恩威并用"配合使用起来更显得紧凑，既不伤故旧和气，而又达到统御目的，尤其对那些有功之人更适合些。

理当调教爱拨弄是非的人

管人是调和、解决复杂人事关系的烦琐工作，因为人各有志，那些常常爱挑拨离间、惹是生非的下属自然令人头痛，难以管理。但是要使员工形成良好和谐的人际关系和工作环境，必须解决这个问题，否则你的单位或部门就是个制造是非的地方，致使员工人心涣散，工作杂乱。要做到这一点，切忌让这种爱拨弄是非的人随心所欲，理当调教。

每个工厂，每个商店，任何部门或任何团体和组织都有一定比例的爱捣乱的人。在任何地方的邻里当中，或者在任何社会团体之中，都不难找到这种人。如果允许他们为所欲为，就会对别人甚至整个团体或组织造成极大的损害。

据统计，一个群体中各种类型的人的百分比大约是这样的：

甲组：自我鼓励型的约占 5%。

乙组：接受挑战发挥自己全部能力的约占 5%。

丙组：被有领导能力的人督促才能把工作做好的人约占 80%。

丁组：难于管理并且经常给上司出难题的人约占 5%，对这种人需格外地下功夫。

戊组：完全不可救药的人约占 5%。

那部分爱捣乱的下属，就属于 D 组。他们的数目虽然不多，但为害却很大，一个企业里面如果有这么几个人，而领导又不懂得驾驭他们的办法，将会鸡犬不宁，严重影响企业的工作秩序和工作效率。

在你准备管教这些爱捣乱的下属之前，先要把他们和其他安分守己的下属区别开来，鉴别谁才是给你制造麻烦的人，然后才能考虑去对付他们。

首先，也是最重要的一点，你应该知道怎样确定一个人是不是一个可能造成麻烦的人。有些人不同意这种看法。他们认为不能墨守成规、不能按照大多数人的样子去说活、思维或者做事的人，都应该属于难对付的人之列，还有的人认为留长头发、蓄长胡须的人就是难对付的人。

其实，一个人的习惯、信仰，或者有什么怪癖，与会不会给你带来管理上的麻烦是没有关系的。正像美国管理大师梭罗所说：如果一个人的舞步没有与他的同伴们保持一致，恐怕他是在听一个不同的鼓手的鼓点在跳，那就让他伴着他听到的音乐节奏跳吧，是不会太出格的。

不管别人对一个人有什么说法，为了确定一个人是不是难以管理的人，你只需回答一个问题：这个人能不能给你造成某种麻烦或者损害？如果能，他就是一个成问题的人，你就应该想办法改变这种潜在的威胁。如果他不能造成任何损害或带来任何麻烦，不管他的外观是什么样，也不管他的穿戴是什么样，更不用管他有什么个人习惯，对你来说他绝对不会是一个成问题的人，对于这种人你也用不着操太多的心。

不能因为一个人染红头发、穿短裙子、吸烟斗、蓄长胡须，就对他抱有成见，也就是说不能用自己的好恶判断一个人，那样会误导你，更不能拿你自己的对与错的标准去判断所有的人。

当你知道了什么是成问题的人以后，实际上你也就掌握了对付成问题的人的具体办法，甚至你在处理这方面的事情时要比在各个企业中专门从事管理工作的人还要高明得多。

爱捣乱的下属并不都是流里流气，不修边幅；对此你一定要留意。

要成为一个合格的领导，面对爱捣乱的下属你绝对不能畏惧、退缩！对于爱捣乱的人，需要特殊的方法对待，而且还得予以格外的注意，因为他们具有潜在的或者实际的破坏能力。他们能破坏人与人之间的友好关系，他们能在任何团体中制造混乱。

怀柔虽好，但过犹不及

同样的鱼肉蛋菜，有的人能炒出香味扑鼻、吊人胃口的佳肴，有的人却只能做成平淡乏味、有失本色的便菜。其中的奥妙和诀窍何在？有经验的厨师会告诉你两个字：火候。火候不到，不会香甜可口；火候过了，又会煮烂烧煳。只有火候恰到好处时，才会色香味俱全。炒菜如此，管人的道理亦然。掌握火候，把握分寸正是一个管理者要悉心注意的。

元帝名刘奭，于昭帝元凤六年（公元前 75 年）生于民间。

刘奭是宣帝长子，地节三年（公元前 67 年）被立为太子。黄龙元年（公元前 49 年）十二月，宣帝病死，刘奭即皇帝位。元帝时期，西汉王朝已历经 150 余年，积弊累累。元帝愚弱，除奸无方，加之宦官用事，政治腐败，西汉王朝由此而走上衰亡之路。

西汉王朝最主要的社会积弊便是地主豪强势力发展，土地兼并日趋激烈，广大农民破产流亡。早在宣帝末年，胶东、渤海等地的破产农民，不断举行暴动，连宣帝本人也不得不承认当时"民多贫，盗贼不止。"

元帝面对前朝积弊，非但不除，反而任其发展。史称元帝"柔仁好儒"。元帝所好之儒，基本上是孔子所提倡的以"宽柔温厚"为主要特征的儒学。汉自武帝以来，虽然重儒，但实际上是王霸兼施。正如宣帝所说："汉家自有制度，本以霸王道杂之，奈何纯任德教。"宣帝生前对刘奭的"纯任德教"的俗儒主张，即非常不满，并深为之忧虑。他曾说道："乱我家者，太子也。"

为此，宣帝曾欲以"明察好法"的淮阳王刘钦代替刘奭为太子，只是由于顾念其母许氏的旧情才没有实现。

元帝即位后，"征用儒生，委之以政"，儒生贡禹、薛广德、韦贤、匡衡相继为相。元帝为政，动则引证《诗经》等儒典，迂腐地推行"纯儒政治"。应该说元帝一朝确实是实行了不少"爱民"的"仁政"。但是元帝却以"不与民争利"为名，放弃了对豪强地主进行打击、限制的政策，实行所谓的"宽政"。元帝放弃打击限制豪强的传统政策，并非仅仅是由于元帝个人"柔仁好儒"的性格所致。

元帝的"柔仁好儒"乃是时代的产物。元帝时代的豪强已经不同于武帝时代以前的"土豪",而是与达官显贵融为一体的。朝廷中的公卿将相已经成为他们政治上的代表。在这强大的政治势力面前,元帝也只好采取"柔仁"的宽政。"宽政"之下,土地兼并愈发不可遏制,吏治腐败等社会积弊也随之恶性发展。

元帝认为宦官少骨肉之亲,无婚姻之家,最可信可靠,因而尤其信重宦官中书弘恭、仆射石显。当时辅政大臣前将军萧望之在政治、军事方面颇有见地。他认为,中书参与国家大政,应选用贤明,不宜任用刑余的宦官,所以奏请元帝使用士人。弘、石二阉为了保住自己的权位,盗弄权柄,遂与外戚史高内外勾结,排挤、陷害萧望之等重臣。元帝迂腐昏昧,屡中弘恭、石显圈套,迫使萧望之自杀,与萧望之共同辅政的周堪、刘更生等加罪免为庶人。不久,弘恭病死,石显专权。

元帝不仅昏昧,而且荒淫。宫中佳丽多得"不得常见",只好"使画工图形,案图召幸之"。元帝虽然治国昏庸,却多才多艺,善书法,精通乐理、乐器,"鼓琴瑟,吹洞箫,自度曲,被歌声"。他终日淫乐,不亲政事,委政于石显等宦官。当时,汉廷事无大小,都要禀报石显,由他裁决。石显"贵幸倾朝",自公卿以下,无不畏惧。

宦官专权,政治日趋黑暗,致使吏治腐败。纲纪失序。从中央到地方的大小官员,贪财慕势,纷纷经商,掠夺百姓,敛财聚富。他们互相间钩心斗角,陷入于罪,以至于连元帝都不得不承认"在位多不任职"。在黑暗的政治下,社会风气大坏。不仅皇帝、皇室、贵族极度奢侈，一般的官僚地主也"贪财贱义，好声色，尚侈靡。廉耻之节薄，淫辟之意纵"。"缘奸作邪，侵削细民"。整个统治阶级都在腐朽、堕落。

元帝时期，又连续发生水灾、旱灾、地震和瘟疫等自然灾害。天灾人祸，使百姓流散道路，不胜饥寒，"嫁妻卖子，法不能禁"，或"人至相食"，阶段矛盾日益尖锐。竟宁元年（公元前 33 年）五月，元帝病死于未央宫，终年 43 岁。元帝在位 17 年。

难怪宣帝死不瞑目，"乱我家者，太子也。"儒生不晓法度，自然误国。柔仁也是有限度的，只执其一端，这是汉元帝给后世的教训。

火候，也就是适度。管人的过程中，怀柔虽好，但过犹不及，过度的怀柔，会影响到你的权威，你的位置也便难以坐稳了。

大胆运用"抓典型"策略

管理者要贯彻自己的意图，发挥下属的整体力量，就需要有统一的行动、统一的意志。而统一的行动、统一的意志，需要靠严明的法纪去实现，靠威严的治理手段去巩固。倘若指挥不灵，兵不服将，将不从帅，整个组织系统就成了一盘散沙，管理机器就很难保持正常运转，实现管理目标也就成了一句空话。所以，必要时必须惩治个别典型，以警告其他下属，使他们遵纪守法，服从指挥。

《左传》记载：孙武去见吴王阖闾，与他谈论带兵打仗之事，说得头头是道。吴王心想，"纸上谈兵管什么用，让我来考考他。"便出了个难题，让孙武替他训练姬妃宫女。孙武挑选了一百个宫女，让吴王的两个宠姬担任队长。

孙武将列队操练的要领讲得清清楚楚，但正式喊口令时，这些女人笑作一堆，乱作一团，谁也不听他的。孙武再次讲解了要领，并要两个队长以身作则。但他一喊口令，宫女们还是满不在乎，两个当队长的宠姬更是笑弯了腰。孙武严厉地说道，"这里是演武场，不是王宫；你们现在是军人，不是宫女；我的口令就是军令，不是玩笑。你们不按口令训练，两个队长带头不听指挥，这就是公然违反军法，理当斩首！"说完，便叫武士将两个宠姬杀了。

场上顿时一片肃静，宫女们吓得谁也不敢再出声，当孙武再喊口令时，她们步调整齐，动作规范，真正成了训练有素的军人。

在现实生活中，管理者也时常会遇到这样的情况：纪律涣散，人心浮躁，甚至还有派系纷争，乌烟瘴气。铁腕管理者要对这样的部门进行治理，就必须有果敢的精神，对为首者加以严惩，而且事不宜迟，越快越好。倘若在这种情况下还顾念人际关系的影响，避免面对人事冲突，任由局势继续恶化，最后还是难辞其咎，根本就不可能两全其美。假如管理者在这种情况下姑息养奸，只能说明他缺乏魄力，是一位不称职的管理者。

当然，对众多不听话的下属，管理者也不可能全部惩罚，有一句话叫做"法不责众"，而且打击面太大不是什么好事。此时，抓住一个典型开一开杀戒，就可以使众人为之警觉畏惧。

比如，有一个部门出现问题时，如果责备整个部门，将会使大家产生每个人都有错误之感而分散责任；同样地，大家也有可能认为每个人都没有错。而只惩戒严重过失者，可使其他成员心想："幸亏我没有做错，"进而约束自己尽量不犯错误。所以，为了整顿部门内部涣散的士气，有时不妨刻意制造一点紧张的气氛，大胆运用"抓典型"策略。这是一个非常有用的震慑手段，也是一种有效的管人权谋。

在任何团体中，皆有扮演"典型"角色的人存在。这个角色绝非每个人皆能胜任，必须选出一位个性适合的人。他的个性要开朗乐观、不钻牛角尖，并且不会因为一点琐事而意志动摇，如此方能用于此项"任务"。

管理者应避免选用容易陷于悲观情绪，或者太过于神经质的人。若错误地选择了此种类型的下属，往后将带给你更多的困扰。

在具体运用时也应该注意以下几条原则：

第一，严打出头者，如果说办公室里已经暴露出了无序的苗头，管理者就应该注意观察，抓住第一个以身试法者，并从速从严予以处置。这样做有两个好处，第一，第一位只有一个人，容易处置；第二，第一位胆量大，影响坏，若不及时处理，便会有效仿者紧随其后。处理第一位能够起到杀一儆百的作用。

第二，敲击情节严重者，如果同时碰到好几位违纪违规者，应当缩小打击面，重点惩处情节严重、性质恶劣、影响最坏者。其他的给予适当的批评教育就行。如果不加选择，一律照打，第一，由于打击面过宽，达不到"警"的目的；第二，会影响工作；第三，树敌太多，影响你的威信。只有有选择的重点打击，才能切实收到效果。

第三，惩处资深人员或中层干部，如果能够抓住一个资深人员或肩负重任的中层干部进行惩处，效果会更好、更能对普通职员起到警告作用。有实绩的人或部门主管都被惩处、指责，其他职员能不感到紧张而加倍努力工作吗？

第四，惩处要使对方心服口服，既然是惩罚，肯定都是无情的。作为管理者，在使用这一手段时，也要考虑到对方的情绪。应当注意：第一，惩处方式不能过于偏激，要留有余地，能被对方接受；第二，惩处要有理有据，根据纪律规定、制度来执行，使被惩处者心服口服，无话可说。

第五，惩处要恩威并用，"抓典型"只是管理上的一种手段，但不是唯一的手段，它不是以打击报复为目的的。所以，还须辅之以"恩"的手段，软硬兼施。这样，能使被惩处者在被"杀"的同时，又感受到了一些关爱。对管理者而言，铁腕政策得到了实施，又笼络了人心，还树立起了一个可畏可敬的形象。

第六，要注意频率和次数，此法不能用得太多、太频繁。否则，会引起下属们对你的不满，甚至认为你只会处罚人、挑别人毛病，缺乏管理能力，从而从内心里看不起你，影响管理者的形象和权威。

在管人过程中，运用"抓典型"策略，对树立管理者威严、增强对下属的控制力具有十分显著的效果。